刘少奇的青少年时代

张殿兴 / 编著

辽宁人民出版社

图书在版编目（CIP）数据

刘少奇的青少年时代／张殿兴编著．—2版．—沈阳：辽宁人民出版社，2013.9（2017.1重印）
（共和国领袖的青少年时代）
ISBN 978-7-205-07752-5

Ⅰ．①刘… Ⅱ．①张… Ⅲ．①刘少奇（1898~1969）—生平事迹—青年读物 ②刘少奇（1898~1969）—生平事迹—少年读物 Ⅳ．①K827=7

中国版本图书馆 CIP 数据核字（2013）第224689号

出版发行：辽宁人民出版社
地址：沈阳市和平区十一纬路 25 号　邮编：110003
电话：024-23284321（邮　购）　024-23284324（发行部）
传真：024-23284191（发行部）　024-23284304（办公室）
http://www.lnpph.com.cn
印　　刷：永清县晔盛亚胶印有限公司
幅面尺寸：165mm×225mm
印　　张：11.75
字　　数：177千字
出版时间：2013 年 6 月第 1 版
印刷时间：2017 年 1 月第 2次印刷
责任编辑：陈　昊　张天恒
封面设计：丁末末
版式设计：王珏菲
责任校对：吴艳杰 等
书　　号：ISBN 978-7-205-07752-5
定　　价：23.80元

辽宁省农家书屋建设
图书出版编委会

目 录

Golden Age
金色年华
出版工程

一、耕读之家的“九伢子”

湖南省宁乡县花明楼乡的炭子冲，是中华人民共和国领袖刘少奇的诞生地。

“冲”在湖南是指山水之间的小块盆地。炭子冲就是湖南千万个盆地中的一个。炭子冲位于湘潭、宁乡、望城三县的交界地带，西距宁乡县城30多公里，南面与毛泽东的故乡韶山冲相邻，东面距离长沙40多公里。这里属丘陵地带，山丘绵延起伏，层峦环拱，丛林茂密，堆青叠翠，粼粼靳水自西而贯，自然风景秀丽。小山冲长约一公里，从冲尾到冲口颇似一把展开的巨扇，冲口外阡陌纵横，田园一片，土地肥沃。

这条小山冲取名炭子冲，源于当地丰富的森林和煤炭资源。据当地老百姓说，数百年前，当地经常有人进山或伐木烧炭，或背煤挖煤，并以此营生，养家糊口。渐渐地，这个小山冲就取名为炭子冲了。

刘少奇的故居就坐落在炭子冲东侧的山坡下。这是一所典型的湖南风格的农家宅院，由正屋、偏房、外坪、内坪组成，大约共有茅、瓦屋20多间。可以看出，当年的刘氏家族曾是当地一个家业殷实、人丁兴旺的小康人家。

刘少奇的祖籍原为江西吉水，后来才定居湖南。大概是明朝中叶，刘氏家族先祖刘时显的长子刘宝因学识渊博，为人忠诚、多才，被朝廷派往湖南任资阳（现称益阳）县的知县，刘时显夫妇就随同儿子一起来到资阳。刘宝在任期间，勤政廉洁，政绩不凡，深得当地老百姓的拥戴，而刘家上下和当地百姓的感情也日益加深。刘宝离任后，当地老百姓挽留其居住资阳，加上刘时显夫妇也十分羡慕湘江之滨的秀丽山川，不舍得离开，于是，刘宝便带着家人定居到宁乡县城南的茅田滩。后来，刘氏家族后人再次搬迁到南塘炭子冲一带居住。此后，刘氏家族便世代安居在这块美丽富饶的土地上，辛勤耕作，发奋读书，并以“耕读传家”，乐在其中，在当地颇有声望。清康熙年间，曾任宁乡县知县、后任朝廷都察院御史的陈嘉猷在为刘氏家族修谱作序时，曾对刘氏家风大加褒扬，称“南塘刘氏族虽不甚显，而族之人士俱极老成持重、耕读传家，《汉书》所谓孝弟力田、管子所谓秀民足赖者庶几近之”，因而陈嘉猷断言，未来的刘氏家族“必大且昌也”。在多年之后，刘氏家族不仅人丁逐渐兴旺，家业逐步富足，而且到第十三代上，果真出了刘少奇这样一位中华民族的杰出人物。

刘少奇的曾祖父叫刘再洲，是一个勤劳朴实的农民。由于先辈没有给他留下什么像样的财产，年轻时生活十分艰难。但这并没有动摇他让家境好起来的决心。他和妻子刘胡氏及独生子刘得云在离家不远的地方租种耕地，除种植粮食作物外，还种植烟叶等经济作物。一家人年复一年地起早贪黑，省吃俭用，辛勤劳作。功夫不负苦心人。经过全家人的艰苦努力，不仅家境逐渐好转，而且还在炭子冲附近购置了少量田产。

刘少奇故居

到了刘少奇的祖父刘得云持家时，他继承了父亲勤劳俭朴的家风，继续辛勤耕作，家境更加殷实。到后来，他将刘氏家族在炭子冲的田产扩大到60亩，并将原来三间的茅屋改建成七间较宽敞的新茅屋。刘得云虽然读书不多，但为人诚恳，乐于助人，常常以钱粮来接济贫困的乡亲，深得当地群众的尊重。

刘得云生有两个儿子，长子刘秉林，次子刘寿生。刘少奇的父亲就是刘寿生。与父辈相比，刘寿生除具备了忠厚老实、心地善良、乐于助人的品德外，在刘家几代人中又是受教育最多的。这就决定了在对未来生活的设计上，刘寿生并不是很热心挣钱扩大田产和房屋，而是把主要精力放在对子女的教育上。他认为，只要孩子能读些书，将来总有个出息。他的4个儿子在父亲的资助下都进私塾读了书，而且一个比一个读的书多。长子刘墨卿和次子刘云庭都读了4年左右私塾。后来，弟妹们一个个来到世间，家庭劳务越来越繁重，刘寿生便让他们哥俩回家务农。老三刘作衡后来读了6年私塾，与两位哥哥相比，知道的更多，能力更全面，操练得写算俱全，19岁就成了全家总管。

刘寿生最小的儿子就是刘少奇，生于1898年11月24日。刘少奇出生时，刘寿生夫妇已届中年，已经生育了三子两女。旧社会的中国农村盛行“多子多福”的观念，因此，刘寿生夫妇对这个儿子的降生自然十分高兴。按照刘氏家族规定的族谱，刘寿生给小儿子取名绍选，字渭璜。由于在刘氏家族叔伯兄弟姐妹中排行第九，所以小时候族人中都叫刘少奇为“九满”或“九伢子”。作为家中最小的儿子，刘少奇得到的关爱也最多。儿时的刘少奇身体比较瘦弱，又是家中的满崽（湖南土语，即家中最小的儿子），常常得到父母和哥哥姐姐的宠爱。有时候，为了照顾“九满”的身体，母亲会特意为他蒸一碗腊肉或煎一个荷包蛋。对于这份自己可以独享的可口饭菜，他总要与母亲和哥哥姐姐们共同分享。

刘少奇从小就聪明、善良，父母对他寄予的希望最大，要求也最严格。刘寿生决心要让小“九满”读更多的书，以光宗耀祖。因此，在病

重去世之前，特地交代家人要让“九满”多读几年书，将来当个济世救人的中医师。父亲的支持是刘少奇自幼得以受到传统文化良好教育的决定性因素。

刘少奇的母亲鲁氏是一个普通的农家女子，1864年大年三十出生在离炭子冲5里远的顾庐塘，父亲鲁桂和。鲁家在顾庐塘也算是一户富裕人家，拥有田产30亩，另租种别人的20亩田地。鲁桂和育有四子三女，刘少奇的母亲是鲁桂和夫妇最小的女儿，18岁时与刘寿生订亲，当时刘寿生的父亲刘得云正重病在床，一家人看着他的病情一天天加重，十分焦急，便按照当地“一喜消三灾”的迷信习俗，希望以儿女的婚事来“冲喜”。可是，迷信毕竟是迷信，“冲喜”的办法没能挽救刘少奇祖父的生命。就在鲁氏坐着花轿来成亲的那一天上午，刘得云便与世长辞。

尽管刘寿生的婚姻没能挽救父亲的生命，但鲁氏的到来还是给刘家带来了很大的变化。鲁氏虽然没有文化，却长得高大结实，聪明勤快。而娘家的大家庭生活早已把她磨炼得麻利能干，她不仅把一家老小的家庭生活调理得井井有条，也能替丈夫分担一大部分家务重担。在刘少奇的记忆中，母亲总是忙忙碌碌，十分辛苦。

刘少奇的母亲是一位开通的母亲。她一贯十分支持儿女读书。虽然在当时的条件下要供几个孩子上学是很艰难的，但在父母的支持下，刘少奇兄弟4人前后都读了几年私塾，这在当时已经是很不容易的事了。为了支持刘少奇读书，母亲还特意为他布置了一间学习的小屋，其实就是家中杂屋后面的一个小偏棚。屋内仅有一张旧桌、一把木椅、一只旧书箱，但在这间简陋的书屋中，文房四宝却是一应俱全。看着刘少奇安静地坐在小屋里埋头读书，母亲无比欣慰。

刘少奇的母亲性格坚强。刘少奇12岁时，父亲病逝。尽管丈夫英年早逝，丧夫之痛几乎将她击倒，但她还是没有令孩子们失望。她从悲痛中迅速解脱出来，坚强地挑起了家庭的全部重担，依靠几个逐渐成年的孩子，克服种种困难，不仅没有使家境衰败下去，生活条件还一天天地好了起来。刘家后来又先后增加了几亩田产，加修了几间茅屋。

刘少奇从小生活在这样一个幸福、勤劳、家规严格的大家庭中。父亲的通情达理、吃苦耐劳、乐于助人，母亲的善良、坚强、干练，哥哥姐姐们的俭朴、勤劳在刘少奇的幼小心灵中留下了深刻的印象。瘦弱文静、聪明伶俐的他并没有因为父母和哥哥姐姐们的疼爱而养成好逸恶劳的习惯。相反，五六岁时，他就开始跟着哥哥们到田边去放牛、割草，跟着姐姐们到山上拾柴、挖野菜，或者帮助父母到稻田和菜园子里除草捉虫子，幼嫩的身体分担着力所能及的家庭生活重担，也体会到了生活的不易。

等长到八九岁时，刘少奇便要求跟着父母和哥哥姐姐们下田插秧了。由于年龄太小，往往会把秧苗插坏。于是，他便选择了往田间送茶水、汤粥，提秧苗，拾禾穗等轻活。禾苗长起来后，到田间去除草就是刘少奇能够做的农活。虽说这是比较轻的农活，但在6月的大热天，站在水田中弯腰拔草，一干就是大半天，仍然需要相当的体魄和毅力。好在刘少奇不怕苦、不怕累，他学着大人们的样子，埋头苦干，从不偷懒，常常得到大家的称赞。

生活于“耕读传家”氛围的刘少奇，必然要受到家庭和社会环境的影响。父亲的率直、忠厚、知书达理而又躬亲农事，母亲的坚忍、干练、任劳任怨和处理事情的有条不紊，哥哥姐姐们的勤勉努力等勤劳、节俭、忠厚、豁达的家风潜移默化地在刘少奇幼小的心灵打下了深深的烙印。由于少年时代的刘少奇生活在农村，既品尝到了农民劳动的辛苦，也感受到了农村生活的不易，特别是从小从事农活的亲身体验，使他小小的年纪就体会到了“谁知盘中餐，粒粒皆辛苦”的切实含义。这些在他以后的成长过程中起到了很大的作用。当他日后成为党和国家领导人后，仍能够时刻体察民情，关心群众疾苦，而且在遇到困难和挫折时，能够坚定不移，勇往直前。

二、沉静好学的“刘九书柜”

1906年，刘少奇已经8岁了。望子成龙的父亲把刘少奇送到离炭子冲三里远的柘木冲一家私塾读书。从此，刘少奇开始了他的求学生涯。

20世纪初的中国，教育状况十分落后。尽管新式学堂已经出现，但仅在一些大城市才有，且学费昂贵。而广大的乡村，尤其是在交通不便、经济落后的山区，读书识字的主要途径仍是中国传统的私塾。同绝大多数乡村孩子接受教育的方式相同，刘少奇的求学生涯也是由私塾起步的。私塾一般利用祠堂、庙宇或私人房屋做校舍，通常只有一位教书先生。主要传授中国传统文化中的若干经典性论著，而作为学生初入学堂的启蒙教材，则千篇一律都是《三字经》《百家姓》和《千字文》。

柘木冲与炭子冲遥遥相对，中间隔着大片稻田和一条小河沟。这里是朱氏人家集聚的地方，来这里读书的大都是附近的一些家境一般的农家子弟。授课的先生是朱赞庭，年逾六旬，不仅饱读诗书，且为人正派，颇受乡亲们的尊重，人们亲切地称呼他为朱五阿公。

虽然私塾里课程陈旧单一，先生的教学方法也简单、呆板，但求学欲望强烈的刘少奇还是学得很认真。由于他天生记忆力好，态度认真，所以总是提前完成先生布置的学习任务，考试往往是第一名。刘少奇学习有个特点，读书时喜欢默不作声，生怕大声念书会影响别人的学习。他不但认真学习，而且善于理解所学的内容。如《论语》讲的“吾日三省吾身”，《礼记》中的“人一能之己百之，人十能之己千之”，《孟子》所说的“天将降大任于是人也，必先苦其心志，劳其筋骨，饿其体肤，空乏其身，行拂乱其所为，所以动心忍性，增益其所不能”等至理名言，他都能熟背牢记。他不仅以此为座右铭约束自己的行为，还时常用书中的警句勉励其他同学发奋学习。刘少奇有位堂兄，同他在一起读书，学习不用功，经常贪玩逃学。刘少奇就用《三字经》上的“如囊萤，如映雪，家虽贫，学不辍”等勤学的道理和故事劝导他。

除了刻苦学习外，刘少奇还兴趣广泛，他喜欢利用课余时间制作一些小手工艺品。刘少奇的小书箱里有几件小巧的工具：凿子、剪子、小刀和小锤子。每逢课外或做完功课，他总爱搞些小制作，如将树根雕刻成一个陀螺，或者用剪刀剪出一只飞鸟。虽然手工技艺不那么精湛，形象也不十分逼真，但却体现出一个充满稚气的少年对美好生活的追求与期盼。除了这些手工制作外，刘少奇最喜欢与小伙伴们玩铜钱棋游戏。

在私塾里，刘少奇和他的伙伴们有许多有趣的故事被人们传颂，后来又被文人学者们记载下来。透过这些平常的故事，我们可以看到刘少奇儿时的天真、活泼、聪明与懂事。

朱老先生家的房前屋后栽了许多果树。每当到了秋天，树上的累累果实成熟时，那红彤彤的大枣、红盈盈的石榴、黄澄澄的梨子挂满枝头，引得这群顽童馋涎欲滴，两手发痒。有几个胆大的小家伙趁朱老先生不注意，偷偷爬上树去摘果子吃，被朱老先生发现后，免不了得到一顿斥责。但刘少奇从不去摘这些果子吃，朱老先生发现后，便特地摘了两个熟透的橘子送给刘少奇。刘少奇谢过老先生后，并没有独自享用，而是手捧橘子来到教室，和伙伴们一起分享。

这一举动使在旁边一直观望的朱老先生大为感慨，他为自己有这样的学生感到高兴。因为在中国的传统教育中，非常注重对学生的操行培养，主张“仁义礼智信，温良恭俭让”。作为受中国传统文化熏陶的朱老先生，当然也希望别的学童都能像刘少奇一样懂事明理，成为谦谦君子。朱老先生以这件小事为例，因势利导，从刘少奇分橘子给伙伴联系到古时“孔融让梨”的故事，他语重心长地启发学生们：要树立做人的美德，要学会关心别人。学子们听了先生的话后深受感动，对刘少奇这位品学兼优的伙伴更加尊敬。朱老先生的教诲也在刘少奇那幼小的心灵上打下了深深的烙印。几十年之后，已经成为中华人民共和国主席的刘少奇曾经十分动情

地对身边的工作人员说："我永远忘不了这位教我识字认字，教我做人的启蒙老师。"

刘少奇很喜欢朱赞庭老师，可是由于柘木冲路途较远，第二年，他就换到离家更近些的罗家塘私塾，在这里读了《大学》《中庸》等古代典籍。

罗家塘私塾的先生也姓朱，叫朱熙庭，是刘少奇父亲的朋友。在这里学习期间，刘少奇不仅专心诵读，努力记忆，学习成绩优异，而且与小伙伴们相处得十分融洽。由于罗家塘和炭子冲之间有一段距离，刘少奇每天要自带午饭在私塾里与同学们一道吃。幼时的他身体瘦弱，有时，父母疼爱这个"满崽"，会在他的午饭里放上几块腊肉、熏鱼，以便增加一些营养。与小伙伴们共进午餐时，他总是把自己带的好饭菜与伙伴们共同分享。

刘少奇还经常在学业上帮助伙伴们。朱老先生对学生非常严格，有些学生顽皮，读书不用功，学过的字认不出，念过的课文背不出，老先生就骂他们是"木脑壳"，还要用戒尺打手心和罚跪。为了使伙伴们免受先生的责骂与处罚，刘少奇总是一遍又一遍地教这些伙伴认字、读书，直到他们会了为止。当这些小伙伴把书背好免受处罚时，刘少奇就开玩笑地摸着他们的头说："你并不是'木脑壳'呀，只是不用功罢了。"刘少奇的这些举动深得同学们的喜爱和先生的赞赏。

到罗家塘上学虽然近些，但他和几个小伙伴们却要翻过炭子冲西山坡，经过一个叫寻木塘的山坳。在这个山坳中，住着一户人家，这家养了一条狗，经常在林间小路上狂吠咬人，从这里经过的人都非常害怕。一次，刘少奇放学回家从此经过，冷不防被树林里蹿出的恶狗咬了一口，他非常气愤，便和小伙伴们商定，一定要教训一下这只乱咬人的恶狗。

一天放学后，几个小伙伴们绕道回家拿了扁担、柴刀、棍棒等"武器"，按计划来到了寻木塘的山坳间小路上。几个人故意大声说话，拨弄着树枝，想将狗引出来。"汪、汪、汪"，随着一阵由远而近的狂吠，那条恶狗果真从林子里蹿出，向孩子们扑来。面对着扑来的恶狗，小伙伴们立

即分散开来，用手里的扁担、木棍和柴刀向恶狗打去，狗非常敏捷，小伙伴们的扁担和棍棒多次落下，都未能打着。伙伴们见手中的“武器”不管用，便从地上捡起石头来砸。谁知石头扔过去以后，都被恶狗一一躲过。

正当小伙伴们泄气的时候，只见刘少奇一声不响地从衣服口袋里掏出一团黑糊糊的东西，向狗扔去。恶狗照例一闪身，然后猛地咬住那黑糊糊的东西。片刻，恶狗“嗷嗷 ”地尖叫着，遍地乱打滚，随即便夹着尾巴逃走了。

小伙伴们不解地望着刘少奇，有人问道：“九满，你扔过去的是什么法宝呀？有那么厉害！竟然将那恶狗给制服了！”

刘少奇抿嘴一笑，不紧不慢地说：“你们猜猜看！”小伙伴们你一言我一语，猜了半天，始终未能猜着。

刘少奇见他们一时猜不出来，便笑着解释道：“那是一个刚刚用炭火烤熟的芋头！外面又黑又硬，里面则又烫又软又黏，恶狗一口咬住它，想吐，吐不出；想吞，又吞不下，能不烫得满地打滚吗！”

同伴们听后哈哈大笑，同时对机智勇敢的刘少奇也更加佩服了。

在罗家塘私塾之后，刘少奇又先后到月塘湾、洪家大屋、红米冲、花子塘等地私塾读书，差不多一年换一个地方。这其中最好的是洪家大屋。

洪家大屋距炭子冲约 10 公里。所谓洪家大屋，并非高楼深院，而是宁乡县芳储乡有名的洪家宅院。因为它占地广，房子多，围墙高，很气派，当地老百姓都称它为洪家大屋。这所宅院的外面是池塘，里面又有整齐排列的平房，三排九栋，气度不凡。门前是一片开阔的田地，环境优美。这样的大院和普通人家的那些低矮的小茅屋相比，当然要气派得多。尤其是门口那一对石狮子，更显示出这家主人的地位和身份的高贵。洪家既是当地拥有很多土地的大户，又是世代书香门第。洪家先人洪葆卿是清代二甲进士，曾在陕西和甘肃做官，洪咏庐曾任翰林院国史馆进修，洪国良是清末最后一科的举人。由于洪家先人多通过科举为官，所以历来都十分重视对孩子的教育。那时，虽然科举制度已经废除，但重教的门风依然保留着。主妇周氏是个受过教育的女子，为了使独生子洪赓扬得到良好的教育，将来成为一个有出息有作为的人，洪家专门选聘了一位受过新式教育的杨毓群先生来家里开设学堂，并招收附近的农家孩子来伴读。

杨先生在当地是很有名气的学者，所以洪家开馆办学的消息传出，很多人送孩子前来就读。刘少奇的家人也抓住这个机会送他来到洪家大屋。经过面试，洪家谢绝了其他求学者，收下了刘少奇。试读几个月后，洪母对刘少奇的各方面都比较满意，就正式认可了他的伴读资格。洪母还让刘少奇与他儿子以兄弟相称，按当地风俗结拜为兄弟。

洪家的学堂虽仍属于旧式学堂，但与别的私塾不同。先生杨毓群学贯中西，又对现代新式教育有所了解，教学内容和方法不因循守旧。让刘少奇最感兴趣的是，课堂上再也不用日复一日地诵读“四书五经”了，而是由杨先生教授国文、算术和自然科学知识。国文课也不再是千篇一律的“子曰诗云”，而是一些有趣的寓言故事。杨先生的教学方法也一改以往先生的死记硬背，代之以启发式教学，使学生的学习兴趣大增。在这里，刘少奇学到了过去没学到过的新知识。尤其令刘少奇感兴趣的是，学堂里有很多很有意思的故事书和图画书，比如，《今古传奇》《世说新语》《西游记》等，这些书在家里父亲是禁止他阅读的，而在这里可以随便看，不受限制。

在洪家大屋，刘少奇还有不少新的发现。他看到洪家的姑娘和男人一样，不仅男女可以同桌吃饭，而且妇女不必缠足，这使刘少奇感到很奇怪。因为他看到自己的母亲和姐姐以及周围的妇女都是小脚，而且在自己家里，母亲和姐姐是不能同男子一起上桌吃饭的。刘少奇对这些不合理的现象很反感，但却无可奈何。他想，为什么洪家的女子可以不缠足呢？既然洪家的女孩可以做到不缠足，别人家的女孩是否可以同样不缠足？同时，刘少奇还注意到，洪家的孩子放学后不用去放牛、割草，成年男人也不去下地耕田，洪家的家务杂活都由用人来做。而且，洪家的生活要比别人家好得多。他从洪家大屋这个封建大家庭中，既看到了接受新思想、新文化带来的变化，又窥见到了社会上的一些不平等现象。刘少奇开始思考这些问题，但总是找不着答案。

在洪家学习和生活的日子里，刘少奇与洪赓扬同窗读书，洪家上下对刘少奇都很友好和关心，洪母和杨先生对他也十分满意，刘少奇在洪家大屋的学习也颇有收获，但一个农家孩子特有的自尊使他感觉到自己与这个大财主家隔着一堵无形的墙，每当闲暇的时候，刘少奇总有一种莫名的孤独感。他思念在家里辛勤劳作的父母和哥哥姐姐，思念过去同他一起放牛、割草和在课堂上一起背书写字的小伙伴。而当父亲得知杨毓群先生不重视教学生四书五经和洪家开明的家风时，颇为不满。于是，就让刘少奇停止了在洪家大屋的学习，在家附近为他找了个私塾继续学习四书五经，刘少奇觉得在那里学习的内容单调，教学方式死板，很不高兴。

从洪家大屋回来后不久，刘少奇父亲的肺病发作，而且一天天严重起来，由于当时没有治疗肺病的特效药，不久就撒手人寰了。一家之主的过早离世，使家庭状况顿感艰难。长兄刘墨卿接过了全家总管的责任，母亲鲁氏更是坚强地支撑起全家生活的重担。心绪不佳的刘少奇经受不住父亲去世的打击，大病一场。病愈之后，在刘少奇的苦苦要求下，母亲将他送到距炭子冲不远的花子塘二姐家寄读。刘少奇的二姐家里比较富裕，二姐夫去世后，为了教育好遗下的两个儿子，二姐省吃俭用，请来当地的一名秀才来家里开馆教书，同时还招收了十多个学生入馆学习。

这里的私塾先生叫杨寿吾，是个比较开明的人。他除了教给学生一些经书外，还讲些中国历史上改朝换代的有趣故事。在这里，刘少奇的学业又有所进步。

随着学业的不断长进，在私塾里学习的内容已经远远不能满足刘少奇的求知欲了。于是，他开始到处借书来读，成了远近闻名的“读书狂”。他最常去的是同学周祖三家里。

周祖三家住在与炭子冲一山之隔的首自冲，其父周瑞仙是位有进步倾向的知识分子，在留学日本期间就加入了孙中山先生领导的同盟会。回国

后，他先后在长沙、厦门等地任教。周瑞仙对孩子的教育既严格又灵活。他把自己以前在国内上学时读过的书、留日期间买的书都分类整理好，如国文、算术、历史、地理、物理、化学、生理卫生等，供孩子们阅读。刘少奇随同学周祖三来过几次后，发现了这个读书的好地方，于是常常来周家读书，几年里，他几乎成了周家的常客。周父见刘少奇天资聪颖，勤奋好学，也很乐意让他与周祖三共读。对于渴求知识的刘少奇来说，简直就是发现了宝藏。

这年冬季的一天，天气格外寒冷，刘少奇仍照例按时来到周家读书。周祖三早已挺不住跑出去玩了，而刘少奇却仍然静读，因为太入迷，刘少奇的鞋被火盆烤煳了。周家妈妈闻到了一股烧焦东西的糊味，慌忙推门进来，发现刘少奇烤在炭火上的鞋子已烧着冒烟，可刘少奇却全然不知。

刘少奇不但经常到周家读书，而且还经常借书回家看。他读书非常专心，从不浪费时间。不仅吃饭时看，而且放牛时也手不离书。野外放牛时，有两件东西是必不可少的：一支竹笛和一本书。他一边放牛，一边看书，累了，就吹一会儿笛子。由于专心读书导致牛走失或手里拿着书边看边走，不小心书掉在地上导致牛受到了惊吓撒腿就跑的情况经常出现。结果不得不请其他伙伴代为放牛。

为方便自己读书，在母亲的帮助下，刘少奇在远离厨房、堂屋的杂屋后面的一个小偏棚里整理出了一间小小的“书房”，每次劳动归来，刘少奇总是来到自己的小书房，聚精会神地阅读从老师、同学和朋友那里借来的图书，一看就是大半夜。刘少奇身体单薄，体质较差，为了防止他过度熬夜，家里只给他半盏灯油。为节省灯油，刘少奇趁家人夜间劳动时，在门口“借光”读书。等大人们都睡着了，他再点灯就读。

刘少奇在知识的海洋里尽情地遨游。几年中，除了私塾中必学的《三字经》《诗经》《论语》《孟子》等传统典籍外，他还广泛地阅读了中国历史上的许多优秀作品和历史书籍，如《左传》《史记》《资治通鉴》《三国演义》等，更涉猎了许多关于民主思想和资产阶级民主革命的进步书刊，

如《辛亥革命始末记》《新民丛报》等。通过阅读这些书籍，刘少奇不仅从古代帝王将相为政的故事中悟出了很多治国理政的道理，而且对卢梭、华盛顿、瓦特、达尔文等一批外国政治家和科学家的思想观点及康有为、梁启超等中国改良主义代表人物的事迹都有了一定的了解。虽然他对维新派改良主义的观点不完全理解，但却引发了他对中国现实社会的思考。尤其是当他看了有关湖南同乡谭嗣同的事迹后，既为他的“有心杀贼，无力回天”而惋惜，也为他“我自横刀向天笑，去留肝胆两昆仑”的英雄气概所深深感染。刘少奇觉得做人就应该像谭嗣同那样，要有为真理献身的精神。小小年纪的刘少奇，立志要像谭嗣同那样，将来做一个顶天立地的大丈夫！

随着年龄的增长，知识的不断积累，年幼的刘少奇开始成熟起来。有一次，他和几个小伙伴放学回家，路过一个小庙，见山门两边写了一副对联：“惠止南国，戴如北辰。”众人不明其意，于是你一言，我一语地讨论起来。但是始终没有说出让人满意的解释。

刘少奇是个有心人。回到家，他立即翻书查证起来，并虚心向别人请教，直到弄懂了这副对联的含义方才罢休。

第二天到学校后，当同学们又谈论起这副对子的时候，刘少奇道出了自己的理解：这副对联反映了老百姓希望为官者勤政爱民、仁政廉明的意愿。他引用了《论语》中的“为政以德，譬如北辰，居其所而众星拱之”的语录和《诗经》中赞扬周文王的典故解释说，人们对好官的爱戴如众星捧北斗一样。如果当官的都能施行这样的政德，那么，就一定会受到老百姓的爱戴，就如同无数小星星拥戴北极星一样。也只有这样，一个地方乃至一个国家才能兴旺起来。刘少奇的解释使在场的小伙伴们心服口服。

由于刘少奇整日废寝忘食地读书，积累了丰富的知识，谈起问题来，往往能够引经据典，颇有见地，再加上他在家又排行老九，所以小伙伴和乡邻们送了他一个雅号叫“刘九书柜”。“书柜”是对勤奋好学、知识渊博者的敬称。如宋代的吴时，由于酷爱读书，博通经史，遂得“书柜”之美名。而像刘少奇十二岁时即博得“书柜”之称号却也鲜见。

几年的私塾生涯不仅使刘少奇在学业上有了很大长进，而且在经历了许多事情后开始对社会也有了新的认识。父亲的病故和多次转学，使他感受到生活的艰辛；洪家大屋的所见使他在增长知识的同时，也看到社会的贫富不均；康、梁的改良思想使他朦胧地意识到社会变革的重要。这一切使刘少奇的内心世界开始发生细微的变化，为他的觉醒奠定了基础。

三、扶危济困，乐于助人

刘少奇的家也不算很富有，但由于父母亲的日夜操劳和几位兄长的踏实肯干，不仅日子过得不错，而且常有余粮可以对外出售。刘少奇因此常打自家的主意。遇到穷苦乡亲来，只要有机会，他总是有意周济，不是多给粮食，就是少收或不收人家的钱款。他的义举后来被兄长发现，骂他是吃里扒外的败家子。到底刘少奇用不同的方式接济过多少穷人，已无从考证。这里我们选取的几件事，足以证明他是富有同情心和扶危济困、乐于助人的好少年。

刘少奇从小聪明灵巧，在私塾读书的时候，不仅能写能算，而且非常懂事。刘少奇在家里又是最小的孩子，父亲和哥哥都很喜欢他，卖米时，不仅常常喊他去帮忙，有时还将算盘和账本交给他。

有一天，大门外来了个农民，问："刘老先生在家吗？"

家里的人回答说："不在。"

那个人叹了一口气，转身走开。刘少奇见他愁眉苦脸，身上的衣裳缝着几块补丁，就追上去，喊道："叔叔，你找我父亲有什么事？"

来人告诉他：家里没有吃的了，想来买点大米。

刘少奇热情地说："父亲不在没关系，我可以卖给你，说什么也不能让你空跑一趟啊！"

那人很高兴，掏出借来的钱，让刘少奇给他量了一斗米。正要扎口袋的时候，刘少奇说："等等，我再给你量两升。"

那人摇摇头："不，我没有钱啦！"

刘少奇说："不要钱，这两升米是送给你的。"

买米的人很感激刘少奇。走出好远还回头说："小先生，你真好！"

晚上，刘寿生回来了。知道了这件事，非常生气，以后再也不让刘少奇帮助他站柜台了。

大年三十那天，家家准备过年，孩子们忙着扎花灯，好好玩一玩，乐一乐。刘少奇吃过早饭，把饭碗一推，准备找平日的好伙伴平伢子一起做游戏。可是，当他到平伢子家里时，看到的却是另一番景象：

平常爱说爱笑的平伢子像木头似的靠在墙边发呆，他的父亲耷拉着脑袋，不停地“吧嗒吧嗒”抽旱烟。

刘少奇关切地问：“大伯，怎么啦？”平伢子的父亲痛苦地摇摇头：“眼看着过年了，家里却揭不开锅啦。”

“我家有米，去借一点嘛！”刘少奇心想，村里的远亲近邻去借点米是常有的事，父亲以往还是有求必应的。

平伢子的父亲说：“傻孩子，你不知道，平时可以借米，可年下都是只收账不借支，这是多年的老规矩啦！”

怎么办？刘少奇长叹一声，一屁股坐到了门口的矮凳上。这时，随着身子的震动，他听到了自己长衫的口袋里发出了响声——伸手一摸，嘿，有办法了！只见他从口袋里掏出一个银元和几个铜板，递给平伢子的父亲，说：“大伯，这是我爹给我的压岁钱，你快拿去买米吧！”

老人家不肯收。刘少奇急了：“大伯，我和平伢子是好朋友，我来你家没少吃烤红薯和野兔子肉，现在怎么瞧不起我了？”

老人家经他这么一说，才收下了那个银元，一再感激地说：“好吧，过了年等我上山打了野味，再卖钱还给你。”

刘少奇笑了。他扯起平伢子，连蹦带跳地跑了出去。

不一会儿，平伢子的父亲到刘少奇家买回了米，总算解了燃眉之急。

刘寿生老先生怎么也不会想到，平伢子父亲买米的钱原来是自己给儿子刘少奇的压岁钱。

有一天清晨，刘少奇正在外面练拳，看见一个肩挑箩筐的人来到他家门口，似乎要进去却又迟疑不决。刘少奇觉得奇怪，就走上前去打招呼。仔细一看，原来是以前经常来刘家帮助修盖茅房的工匠周师傅。

“周师傅，这么早就赶来，有啥急事吗？”刘少奇很热情地问道。

“我欠公堂两石积谷，现在团总催我还上，可家里仅有的一点早就卖光了，你看我上哪去凑这两石谷子，真是急死人了！”周师傅心事重重地低声回答。

听完周师傅的话，刘少奇心里一沉，片刻他悄悄对周师傅说：“你先回去吃早饭，吃完饭后，上午推一辆土车来，从我家运两石谷去还清好了。”

“这……”周师傅犹豫着，像是有些不相信，又像是有些担心。

刘少奇看着他将信将疑的样子，就赶紧说：“不要紧的，上午我哥他们都出门做事，就我一个人在家，你快去快来吧！”

周师傅虽有些为难，但又没有别的更好办法解决这个问题，只好按刘少奇说的办。他回家吃过早饭后，推着土车来到刘少奇家。这时，刘少奇早就打开谷仓在等他。刘少奇帮周师傅装好谷子，送他上路。周师傅怎么也不相信，这么急煞人的事，在刘少奇的帮助下这么快就解决了。他流着眼泪感激地说：“是九爷救了我呀！”

除了在经济方面力所能及地接济穷人外，刘少奇还在其他方面尽力帮助需要帮助的人。他帮朱大婶担水一事就被当地传为佳话。

刘少奇念私塾的时候，学堂旁边住着一位朱大婶。朱大婶个子不高，人也瘦，而且是一双小脚。但她每天都要自己担水，从水塘到家门口有一段距离，担水走起来摇摇晃晃的。

她家里没有男人吗？刘少奇看到她担水很吃力，就跟到她家里去打听。

原来，朱大婶有两个孩子，却先后被疾病夺去了生命，丈夫为了救别人溺水身亡了。

刘少奇听到这个情况，不觉心头一动。他关切地问：“叔叔是怎么死的？”

朱大婶说，几年前，一个中秋节的晚上，他家男人替人家干完农活，又累又乏，天快黑了才往家走。走过山口外边的大水塘，忽听塘里有“扑通扑通”的声音，仔细一看，原来是一个人掉进去了，正在水里挣扎。

救人要紧！他马上脱掉衣服，一头跳进水中救人。不承想，他刚刚靠上去，就被落水者死死抱住不放，自己也被拖入塘底。他费了好大的劲儿，才从落水者手中摆脱，扯着落水者往岸边游。后来，落水者爬到岸上得救了，而他自己却因为体力耗尽，慢慢沉了下去……

刘少奇见朱大婶越说越伤心，呜呜直哭，自己也感动得流了泪。他想，她的男人心肠那么好，抛下朱大婶没人管，这怎么行？于是，他安慰朱大婶说："大婶，您别难过，今后有什么难处，找我好了！"

朱大婶擦擦眼角，望着这个满脸稚气的小学生，摇摇头说："孩子，你能帮我什么忙呢？"

刘少奇认真地说："别的忙我帮不了，可是担水砍柴之类我还干得来！"

朱大婶苦笑一下，说："村里热心人不少，可是，他们不敢来帮忙啊！"

"为什么？"刘少奇吃惊地睁大了眼睛。

朱大婶把脸转过一边，说："因为我是寡妇，大家怕被说闲话。"

刘少奇生气了，他站起来："这是什么理？人越困难，越应该得到帮助嘛！"

说完，他一把抢过水桶，大步流星地往水塘走去。

朱大婶追出几步，喊道："你担半桶水，别压坏了身子！"

刘少奇说："没事，我担得动！"

不一会儿，刘少奇担了满满一担水回来。

从此，刘少奇天天给朱大婶担水。

不久，这件事传到了同学的耳朵里，大家议论纷纷。有的说刘少奇做得对，好样的。也有的说这是狗逮耗子——多管闲事。还有的说，念私塾的学生应当遵守礼教，给寡妇担水是违犯了什么老规矩，是"失格"，应该罚刘少奇给孔夫子的牌位叩一百个响头，检讨认错。

刘少奇一听，火了，他说："给寡妇担水又能怎么样？人家的男人为了救人，连命都送掉了，我们为什么不该同情她？"

班里有个小胖子，最喜欢捉弄人。他想了想，就冒出一个坏主意。

第二天早晨，天还没亮，他悄悄地跑到水塘边，把大家担水、洗菜的跳板移开一下，掏空了垫在跳板底下的石头，然后在旁边的树林里躲了起来。

过了一会儿，刘少奇又来水塘边给朱大婶担水。他双脚刚刚踏上石板，就哗啦一声连人带桶跌到水里去了。

“哈哈，大家快来看哪！九满给寡妇担水受到老天爷的惩罚啦！”小胖子从树林里钻出来，拍着巴掌看笑话。

刘少奇的衣裳全湿了。他爬上岸来，知道是小胖子捣的鬼，就朝小胖子追去。小胖子东跑西跑，最后终于跑不动了，被刘少奇一把抓住。

小胖子吓坏了，怕刘少奇打他，两手哆哆嗦嗦，连连求饶。刘少奇没有打他，只是让他自己说，到底是他捣鬼还是老天爷捣鬼。

小胖子忙说：“是我，是我！我只是想开个玩笑……”

刘少奇用手扯住小胖子的一只耳朵，命令说：“今天我不揍你，走，你自己也来给朱大婶担一担水！”

小胖子哪敢不听，只好乖乖地从塘里担了水，一直送到朱大婶家里。

从此以后，再也没有人议论刘少奇担水的事了。而且在刘少奇的带动下，有不少热心的同学还跟刘少奇一道给朱大婶帮忙呢！

朱大婶逢人就说：“看，九满这孩子比大人还懂事。”

四、更名卫黄，立志报效国家

刘少奇读私塾期间，中国社会发生了惊天动地的大事变。刘少奇不明白发生了什么事，他只是听大人们说，朝廷的皇帝退位了，在长沙的巡抚大人被赶下了台，宁乡县的县太爷悄悄溜走了。他虽不知道发生了什么事变，但却隐隐约约地意识到，中国社会已经发生了变化。

1912 年夏天，在外当兵多年的六哥刘云庭（刘少奇的二哥，叔伯弟兄中排行第六）回家探亲。六哥的归来令刘少奇十分高兴。通过刘云庭的介绍，刘少奇了解到中国社会发生的重大事件。

刘云庭从 16 岁就开始到外面闯荡，18 岁时他加入了清政府编练的新军，并成为湖南新军的一个小头目。辛亥革命爆发时，他所在的部队参加了长沙起义，走南闯北让他见多识广，所以对这场变革比较了解。刘云庭告诉刘少奇，这场变革是由孙中山为领导核心的资产阶级革命党发起的，叫辛亥革命。这次革命推翻了清王朝的封建统治，建立了中华民国，中国社会因此要发生更加深刻的变革。

六哥看到刘少奇勤于读书又善于思考，且关心社会变革，十分高兴。他鼓励刘少奇以后要多读新的进步书籍，并表示今后对刘少奇的学习要尽力支持。临回部队前，他给刘少奇留下一套《辛亥革命始末记》，该书主要讲述辛亥革命的详细经过及对中国社会的影响。对于这套书，刘少奇真是爱不释手，一连读了两遍。从这套书中，他了解到辛亥革命推翻封建王朝的革命壮举，也知道了革命先驱者孙中山和黄兴等在这场革命中的伟大贡献和曲折经历。从这时起，刘少奇便非常钦佩孙中山、黄兴等革命的先驱者，认为他们比维新派的康有为、梁启超等更伟大，更值得敬仰。

由辛亥革命带来的社会变革的思潮，撞击着少年刘少奇的心灵。他不再满足于平淡的生活，深深感到在封闭的炭子冲根本无法了解外面的世界和正在迅速变化着的中国社会。要了解社会就得走出去。而走出去的唯一办法是进正规的小学堂去读书，只有这样才能为今后走向社会打下基础。

1912 年 6 月，刘少奇征得母亲的支持，踏入了离家二十多里远的西冲山芳储乡小学的大门。

在芳储乡小学，刘少奇和昔日的许多小伙伴又聚集在一起，格外高兴。此时，清王朝已被推翻，刘少奇从回家探亲的六哥刘云庭那里也得知了中华民国已经建立这一消息。也是在这时，刘少奇带头剪掉垂在脑后的长辫子，伙伴们也仿效刘少奇剪掉辫子，以此来表示与封建王朝的决裂和对共和制的支持。由于学习的目的更加明确，在芳储乡小学的一年时间里，他更加刻苦读书，学习成绩十分优秀。

1913 年 7 月，刘少奇满怀着对未来的憧憬和向往，终于走出了炭子冲，以总分第一的成绩考取了宁乡县的玉潭学校，开始接受新式的正规教育。

玉潭学校是当时宁乡县颇有名气的新式学校。其前身是玉潭书院，始建于明朝嘉靖年间，以后多次修复改建。1902 年改名为玉潭高等小学堂。后来又改名为宁乡县第一高等小学校（简称玉潭学校）。改制后的玉潭学校开设国文、算术、历史、地理、物理、英语、体育、音乐、图画、手工等课程。任课老师大多是湖南高等师范学校毕业生，也有一些清末的秀才。由于这里的老师大多兼有旧学和西学的丰富知识，且不少老师受到维新改革思潮的影响，思想倾向进步。如该校校长黄锡炎、曾鼎三，地理教员梅冶成，历史教员肖叔为等，都是学贯中西、追求进步、深受学生尊敬的老师。在这样的学校读书，正符合刘少奇的心愿。

初入学校，刘少奇一身土气，乡下穿着，大襟衣衫十分显眼，被大家称为“乡里伢子”。刘少奇对这些并不在乎，他暗下决心，通过自己的努力，一定要使那些“城里伢子”改变对自己的看法。

刘少奇对各门功课的学习都十分认真，成绩优秀。他的国文基础扎实，作文常被老师当作范文供同学们学习参考。此时的刘少奇不仅喜欢新鲜的自然和社会科学知识，尤其关注时事政治。每当上历史和地理课，老师讲解世界和中国的地域及面临的形势时，刘少奇总在思考一些令他困惑不解的问题：为什么中国这样一个具有几千年悠久历史和灿烂文化的东方大国，后来却因为落后而备受欺凌呢？法国、英国、俄国、日本等这些列强凭什么要中国向它们割地赔款呢？今后世界形势将如何发展变化呢？中国怎样才能改变目前的这种积贫积弱的现状呢？等等。他在寻找这些问题的答案。

刘少奇在学习中表现出的最大特点，就是他从不盲从、迷信，有独到的见解。比如，一段时间里，国文课恢复了尊孔读经的内容，这实际上是为袁世凯复辟帝制制造舆论。一时间，尊孔祭孔活动喧嚣一时。而一些比较激进的学生明确表示拒绝读四书五经。刘少奇虽不主张对孔子顶礼膜拜，但他认为对四书五经应作为一门学问来研习，对于孔孟的言论要分析鉴别。在刘少奇看来，儒家学说中关于“民贵君轻”、“为政以德”等观点，可以作为当政者的一面镜子；对待学问应该“如切如磋，如琢如磨”等思想，也是应当肯定的；而对于孔孟反对社会进步的思想则应当摒弃。这也体现了刘少奇早期的一种辩证思想。①

由于在玉潭学校接受新思想新文化，刘少奇不仅知识更加丰富，而且他的世界观也逐渐发生变化。年幼时，他经常跟随母亲去庙里求神拜佛。这时，他开始用科学知识来解答日常生活中遇到的一些现实问题。

刘少奇到玉潭学校读书那年，家乡遭遇大旱。炽热的阳光直射大地，稻田被晒得干枯发白，池塘里的水早已干涸。正应了“赤日炎炎似火烧，野田禾稻半枯焦”的诗句。为了挽救奄奄一息的禾苗，缺乏科学知识而又心急如焚的炭子冲乡亲们便“病急乱投医”，纷纷凑钱捐物，成群结队地到双狮岭的一座神庙去祈求菩萨显灵降雨。刘少奇见母亲和哥哥也要参与求神，就劝阻他们说，双狮岭庙里的菩萨早已被白蚁吃得面目全非，它连

---

①冯世平，主编:《刘少奇的故事》，红旗出版社，2011 年 11 月版，第 18 页。

自己都保护不了，怎么可能靠它来挽救禾苗呢！要救田里的禾苗，只能靠我们自己。咱们一起挑水去吧，多挑一担水，就能多救一些禾苗。

整个暑假，刘少奇都同家人在一起进行紧张的抗旱劳动。

炭子冲的乡亲们忘不了刘少奇不怕“鬼”的故事。

那是在一个初秋的早晨，天降大雾，又浓又黑，将整个山林笼罩起来了，连房屋的窗子都像是挂上了黑色的帘幕。大雾之中还有些小小的雨点，给雾色又加上了一层黑暗。刘少奇和一名同学一起，早早地离开了炭子冲，赶往玉潭学校去读书。

两人走进一段狭窄的山路，眼前是灰蒙蒙的一片，能见度极差。走着走着，同学的脚步突然停下来，指着前面对刘少奇说道，你看，前面那是什么东西？

刘少奇定睛一看，前面不远处有一个黑影在移动，不像人，也不像常见的野兽。正在犹豫之中，身旁的同学突然尖叫起来：是鬼！

童年时代，刘少奇经常听大人们讲关于鬼的故事，但他不相信世上真的有鬼。听到同学突然的尖叫，刘少奇感到有些毛骨悚然，心里直打鼓。但他很快镇定下来，冲着前面高喊：前面是谁？

前面的黑影没有反应，继续缓慢地向前移动。

同学更害怕了。他拉着刘少奇要往回走。

刘少奇拉住同学，三步并作两步，快速地向黑影追过去。走近一看，原来是一位急匆匆赶路的人。那人头戴斗笠，晨雾中远远望去，好像没有脑袋似的。

刘少奇晨雾中识“鬼”的故事传开后，同学们更加钦佩他的勇敢。

在玉潭学校学习期间，令刘少奇最难忘的是亲身参加了宁乡人民反对袁世凯与日本意欲签订丧权辱国的“二十一条”的爱国斗争。

1915年1月18日，日本帝国主义利用西方各列强忙于第一次世界大战而无暇东顾的机会，以解决中日两国间的“悬案”为名，通过其驻华公使日置益，向袁世凯提出了旨在灭亡中国的“二十一条”。此时的袁世凯阴谋称帝，很想取得日本的支持，派外交总长陆徵祥、次长曹汝霖与日本代表秘密谈判。经过 3 个多月的交涉，1915 年 5 月 7 日，日本提出最后通牒，限四十八小时内答复。5月9日，袁世凯除对第五号声明“容日后协商”外，意欲将这灭亡中国的“二十一条”无理要求全盘承认和接受下来。

消息一传开，中国民众非常愤慨！一场声势浩大的抗日讨袁运动在中华大地迅速展开。

玉潭学校的师生听到这一消息后，群情激愤。刘少奇和贺执圭等同学刺破自己的手指，含泪在白纸上写下“誓雪国耻”、“毋忘国耻”的血书。在梅冶成等老师的支持下，玉潭学校的一部分学生在刘少奇等人的带领下首先走出校门。他们在县城各处张贴散发“毋忘国耻”、“取消二十一条”的标语和传单。同时，他们与县城各校联络，组织了轰动全县的游行示威运动。在游行队伍中，刘少奇身背“毋忘国耻”的牌子走在最前面。他个子高、声音洪亮，带领大家一遍又一遍地高呼“打倒卖国贼”、“不做亡国奴”、“坚决取消二十一条”等口号。游行一连持续了好几天，轰动了宁乡县城。除此之外，刘少奇还和其他进步同学组成了抵制日货小组，四处宣传讲解，号召广大群众团结一心，自觉抵制日货。

对于玉潭学校师生的这种爱国行动，宁乡县内袁世凯的走狗是不能容忍的。他们警告带头参加游行活动的学生，并扬言要捉拿支持学生开展爱国斗争的老师。这时的刘少奇已经成熟许多，他爱憎分明，不畏强权，并不害怕顽固势力的威胁。

为了表示要坚决保卫炎黄土地的志向，他干脆将自己当时所用的“刘渭璜”名字改为“刘卫黄”。他在自己的课本、笔记本的封面上都重新用工整漂亮的毛笔字题写了“刘卫黄”三个大字。他还利用课余时间精心雕刻了一枚“刘卫黄”的大印章。刘少奇此举，既体现出了这位年仅 17 岁的青年学生对祖国和人民的深厚感情，也表明了他立志为中华民族崛起而奋斗终生的远大抱负。

同年年底，窃国大盗袁世凯竟冒天下之大不韪，悍然宣布复辟帝制，激起了全国人民的更大愤恨，举国再度掀起讨袁浪潮。刘少奇率领进步学生，再次投入革命的洪流，他们除声讨袁世凯的倒行逆施外，还积极声援和支持蔡锷等组织的讨袁护国军。在全国人民的一片声讨之下，袁世凯众叛亲离，在做了八十三天“皇帝”后，被迫取消帝制，并在全国人民的唾骂声中一命呜呼了。

玉潭学校的反袁运动持续了一年多。作为运动的主要代表人物，刘少奇在领导和参加运动的同时，并没有荒废学业。在这一年多的时间里，除了参加爱国革命运动外，他还利用一切可以利用的时间努力学习各门功课。1916 年夏天，刘少奇以第一名的优异成绩从玉潭学校毕业。按照传统的习惯，学校派人敲锣打鼓把喜报送到他的家中。

仔细算来，从 1913 年入校到 1916 年毕业，刘少奇在玉潭学校整整度过了三个难忘的春秋。这里也是刘少奇在学生时代唯一读满了三年的一所学校。在玉潭学校，刘少奇不仅读书的时间长，而且收获也最大。如果说此前在私塾主要是学习儒家经典的话，那么在玉潭学校，他开始比较全面地接受现代科学文化知识。更为重要的是，他在这所学校就读期间亲身参加了反袁爱国运动，对中国社会现状的了解更进一步，他看清了自己身上肩负的神圣使命，懂得了为中华民族崛起而奋斗是每个有志青年的共同责任。毕业时，这位来自炭子冲的“九伢子”在自己的本子上写下了“天下兴亡，匹夫有责”八个大字，表明了他以救国救民为己任的雄心壮志。此时的刘少奇不仅知识更加丰富，远大的理想也开始树立起来。他正在一步步走向成熟。

五、习武健体，投笔从戎

刘少奇从玉潭学校毕业后，又面临着人生的十字路口。当时的中国正处在严重的社会动荡之中，袁世凯复辟帝制虽然失败，但国内军阀林立，战乱频仍，政治黑暗，民不聊生。中国的出路在哪里？怎样才能解民于倒悬之中？刘少奇在苦苦地思索着这些问题，但一时又无法找到答案。

护国战争的枪炮声再次唤起了刘少奇的爱国热情。回到炭子冲后不久，刘少奇不顾家人的反对，来到硝烟弥漫的宁乡县城，在玉潭学校梅治成老师的指导下，他决定与贺执圭、任克俊等同学一起去长沙继续求学，为将来干一番大事业而打好坚实基础。

1916 年 6 月的一天，刘少奇与贺执圭、任克俊等，背着简单的行李来到长沙。他们来到省城，顾不上欣赏长沙的美景，便寻找可以报考的学校。经过反复筛选，最后决定报了宁乡驻省中学，通过入学考试后，进入该中学深造。

初到宁乡驻省中学，正赶上驱赶汤芗铭的运动，刘少奇积极参与其中。汤芗铭为袁世凯的走卒，曾被袁世凯封为“靖武将军”。1913 年以“查办使”的名义到湖南任职，后任湖南督军。汤芗铭主湘后，用极其残酷的手段杀害革命党人和群众一万多人，被当地人称为“汤屠户”。7 月初，长沙市大、中学生和各界利用湖南护国军总司令程潜率部击败汤芗铭的军队之机，掀起了一场驱逐汤芗铭的群众运动。刘少奇对汤芗铭的暴行早已恨之入骨。因此，他到宁乡驻省中学后，立即投入到长沙各界驱逐汤芗铭的斗争之中。一连数天，刘少奇与同学们一起到街上游行示威，高呼“打倒军阀”、“打倒帝制余孽”、“汤芗铭滚出湖南”等口号，并不顾卫兵阻拦，冲进汤芗铭的督军府。

长沙的驱汤爱国运动结束后，刘少奇又一心扑在学习上。在宁乡驻省

中学，他是跳级到二年级学习的，首先面临的是如何将前面一年多的功课补上。文史课程对他来说不是大问题，最难的是数、理、化课程。因此，刘少奇把主攻方向定在这几门课程上。他认为，记住繁杂的公式、定理，是学好数、理、化的关键环节，只有先弄懂这些定理、公式的来龙去脉，方可在做习题时得心应手。为此，他把每天学习的公式、定理写在手心，随时默记。他还在纸条上写好公式、定理和外语单词，贴在床头，以便帮助记忆。①

放寒假回到炭子冲，刘少奇仍然抓紧时间复习功课，练习书画。他曾在一个笔筒上精心雕刻了一幅松鹤图，并附一首赞美诗：

挺然百尺之，松饶有生志。
舞是千年之，鹤德少尘心。

“挺然百尺”，表达了刘少奇高远的志向和革命理想。如今，这个刻有“卫黄作”的珍贵笔筒陈列在革命历史博物馆里。

由于刘少奇天资聪明，加上刻苦认真，学习方法多样实效，很快就把前面的课程补上而且进入优秀学生行列。入驻省中学后，经过半年的努力，到期末考试时，他的各科成绩在全班均名列前茅。同学都十分钦佩他的刻苦精神，大家开玩笑说：“看来刘九书柜真是名不虚传！”并认为他将来可以成为一个有名的医生、工程师或者是教授，前途无量。

然而，刘少奇的志向并不是将来过一个比较安稳富裕的日子。这时，他已经 18 岁了。18 岁正是充满着对未来憧憬的年龄。他的志向是报国。如何报国？如何才能为祖国的强大做出贡献？刘少奇经常思考着这些问题。

他回想起在玉潭学校梅冶成老师讲过的中国历史上苏武牧羊、班超

①石仲泉主编：《刘少奇的故事》，中共党史出版社，2010 年 9 月版，第 24 页。

“投笔从戎”、马援“马革裹尸”、岳飞“精忠报国”等爱国故事。他钦佩西汉苏武，东汉班超、马援等爱国壮举，赞叹南宋岳飞“精忠报国”的精神，一直把他们当作自己学习的榜样。再回头看看中国军阀混战，人民在痛苦中呻吟的悲惨现状，萌生了投笔从戎、以身许国的志向，决定走从军报国之路。

刘少奇决计从军救国，并非一时心血来潮，在玉潭学校读书期间，刘少奇曾有过习武以酬志的经历。

一天，语文老师用新的观点讲述《孟子》中的一段话：“故天将降大任于是人也，必先苦其心志，劳其筋骨，饿其体肤，空乏其身，行拂乱其所为，所以动心忍性，曾益其所不能也。”老师解释说：“人要承担国家民族的大任，必须要经过反复锻炼，积极进取，不能消极退让。”

听了老师的解释，刘少奇对这一段古训有了更深刻的领悟。当天下午，一位艺人在校园表演少林硬气功。他运足气后，抱起雪亮的钢刀，朝自己的腹部猛砍，不但没有受伤，连刀印也不曾有。通过这件事，刘少奇坚定了自己习武的信心。在他看来，只有文武双全方能救国。于是，在寒假里，刘少奇拜了两位师父，练习“双拳打沙袋”等拳术基本功。时间不长，刘少奇就能打 4 个 30 斤以上的沙袋了。[①]

刘少奇将自己准备参军的想法告诉了一贯支持他、关心他的六哥刘云庭，希望得到六哥的支持。此时的刘云庭在湖南参加护国战斗后驻扎长沙。刘云庭告诉刘少奇，现在部队里缺少有文化的人，只要他去参军，一定能干出个名堂来。其时，正赶上湖南省督军兼省长谭延闿在长沙开办陆军讲武学堂，刘少奇决定报考新办的湖南陆军讲武堂。

陆军讲武堂的报名条件有种种限制，一般要求湘军的下级军官或有条件的退伍军官才能报考。刘少奇请刘云庭帮忙，借用六哥一位刚退伍的战友刘丰生的证件报上了名，顺利通过考试，并很快接到录取通知书。

①黄峥编著：《刘少奇自述纪实》，广东人民出版社，1998 年版，第 27 页。

正当刘少奇准备进入陆军讲武堂学习之时，传来了黄兴、蔡锷两位爱国将领相继病逝的噩耗。黄兴1916年10月31日病逝于上海，年仅43岁，12月23日，葬于湖南长沙岳麓山之阳。黄兴病逝后仅八天，蔡锷也病逝于日本福冈医院，年仅35岁。黄兴、蔡锷都是湖南人，致力于资产阶级革命与反袁斗争，刘少奇从小就对两位爱国将领十分敬仰，得知消息，他禁不住失声痛哭。

1916年12月5日，蔡锷的灵柩运抵上海，举行追悼仪式后，于次年4月运抵长沙举行国葬。在长沙吊唁期间，刘少奇经常和同学们一起来到蔡锷的灵堂，缅怀他的爱国精神。一些赞颂蔡锷将军救国精神的挽词，如"百折不回古任侠，万金难买好头颅"；"赤手挽狂澜竟使共和光宇宙，丹心照霄汉长留英灏壮湖湘"等，刘少奇不但熟记于心，也激起了他对爱国将领的仰慕之情。出殡当日，刘少奇与同学们一起，怀着沉痛的心情为蔡锷将军送行，将他安葬于岳麓山上。

经过几个月的等待，到1917年4月，湖南陆军讲武堂正式开学，刘少奇放弃了他在宁乡驻省中学的学业，到讲武堂报到入学。5月1日讲武堂举行开学仪式，湖南省督军兼省长谭延闿到校讲话，这是刘少奇第一次听到省长发表演讲。

从一所普通中学来到湖南省内最高军事学府，从一个中学生成为军校的学员，这种跨越对他来说是人生旅途上的一件大事。令刘少奇激动不已的是，进了军校意味着他投笔从戎、报效祖国愿望的实现完全成为可能。他怀着对军事知识的渴求和对未来的憧憬投入了紧张的学习和训练当中。新的学习内容、新的环境使刘少奇的生活充满了欢乐，他常常不忘抽空回到宁乡中学和昔日的伙伴们共享这种欢乐。

意想不到的事发生了。讲武堂刚开军事课程一个多月，护法战争爆发，到10月，湖南长沙陷入一片混乱。讲武堂设在湖南省督军署旁边，成为交战双方攻防的重点，炮火中讲武堂变成一片废墟。学员们脱下军装，东奔西走。刘少奇被迫离开长沙，暂时回到炭子冲。

离开讲武堂，刘少奇从戎救国的愿望算是要落空了，但他的救国决心并未因此而受影响。他不愿回到宁乡驻省中学复读，决定在家自修功课准备报考大学。

在这段自修时间，刘少奇除了学习中学课程及一部分大学课程外，主要是研读古典史书，系统地涉猎了历代思想家的著作。重点研读了明代袁了凡的《了凡纲鉴》和《资治通鉴纲目》两部著作。其目的是想从古人的治国经验中汲取营养，作为他寻找救国道路的借鉴。

刘少奇人在家中，心系国家。他时常在思考着怎样才能为广大贫苦的劳动人民谋幸福，怎样才能停止军阀混战，使中国真正强大起来不受西方列强的欺凌。他从古老的中华文明联想到近代中国的贫穷落后，从自己生活的炭子冲联想到湖南乃至整个中华大地。他试图通过系统研读古籍史书找到救国救民的出路，但却没有找到理想、满意的答案。

尽管刘少奇从小就乐于助人，且尽其所能扶危济困，但他心里十分清楚，这些办法是微不足道的，只可解决一些燃眉之急，却不能从根本上解决问题。帮得了一时，帮不了一世；帮得了一家，帮不了一村。更不用说一县、一省、一国了。究竟用什么办法才能帮助全国千千万万的穷苦百姓过上幸福的日子，怎样才能使中国强大起来？这是刘少奇自修期间苦苦思索的问题。

成熟了许多的刘少奇经过认真思考，认为中国贫穷落后的原因在于没有人才。中国既缺乏治国的人才，又没有各方面的专业人才和管理人才。这种情况下，怎么能使中国强大起来？于是，他决定继续求学。其具体思路是，先拿到一张中学文凭后再去继续报考专业学校或大学。因为当时规定，报考大学必须有中学毕业文凭。为了取得报考大学的资格，1919 年春，经过了一年多在家的自修后，刘少奇又来到长沙私立育才中学毕业班学习。

1919 年 5 月 4 日，因反对列强在“巴黎和会”上任意宰割、瓜分中国，北京爆发了大规模的学生示威活动，遭到反动政府的镇压。消息传出，在全国一场声援北京学生的爱国运动迅速开展起来，并很快发展成为声势浩大的反帝反封建运动。

北京爆发的学生运动波及长沙后，湖南各界，特别是青年学生立即行动起来，声援北京学生的斗争。5月中旬，邓中夏从北京来到长沙活动，各校派出了学生代表举行会议，研究如何响应北京的爱国运动。在邓中夏、彭璜、毛泽东等人的领导下，5月底，长沙市中等学校学生联合会成立了。在学生联合会的统一指挥下，长沙各校学生全体罢课。作为育才中学学生运动的带头人，刘少奇参加了罢课游行，开展爱国宣传和抵制列强的斗争。当时，长沙各学校都提前进行了考试。刘少奇在参加了毕业考试后，未及拿到毕业证书，便与部分同学一起筹措路费，匆匆北上，来到了五四运动的中心——北京，参加爱国运动。

作为中国文化中心和五四爱国运动的发源地，北京高校众多，研究机构云集。这里聚集了很多著名的思想家、社会活动家及追求真理的仁人志士，他们通过演讲、集会、撰写文章等多种方式宣传各种新思想、新观念，给这座古城带来了生机与活力。到北京后，刘少奇与北京的爱国学生组织取得联系，参加了天安门广场的群众集会和游行活动，这使他受到了一次中国人民反帝反封建伟大斗争的洗礼，再次感受到了中国人民的伟大力量，他的爱国主义思想得到了升华。

此时的北京，各大学正在招生。刘少奇除参加爱国学生运动外，还先后报考了包括北京大学在内的几所普通高等学校和军事学校，都以优秀的成绩被录取。但是，他最想上的北京大学却因为学制长、学费高，他也只能望校兴叹。虽然进入军事学校学费可以全免，但由于专业不合心意刘少奇也只好舍弃。犹豫再三，刘少奇最后不得不放弃上大学的计划。

六、计划留学海外，寻找救国真理

正当刘少奇苦恼之时，他得到一个消息，北京华法教育会正在组织青年去法国勤工俭学。这个消息着实让刘少奇高兴了一阵，他似乎看到了留学海外的希望之光。刘少奇赶忙找人联系，报名参加。几经交涉，华法教育会同意他参加，但去法国的路费要自理。这可难住了刘少奇。从中国到数万里之遥的法国，即使购买最低廉的船票，也是一笔不小的数目。在试图通过申请减免未果后，他想了很多办法筹措去法国勤工俭学的路费，均遭失败。囊中羞涩的刘少奇实在无力支付路费，赴法留学一事只能作罢。

虽然刘少奇为筹措路费几次碰了钉子，但他并没有气馁，继续努力着。不久，他听说有中学毕业文凭的青年要求留法的，可以先进入保定育德中学留法预备班学习一年法文和技艺，然后可以赴法。刘少奇和湖南籍的几个青年学生抱着一线希望辗转来到了保定。

保定育德中学，创办于 1907 年，是一所私立学校。虽然规模不大，但当时很有些名气。该校在华法教育会的支持下，在原有的基础上附设了留法预备班。全国有不少青年来这里求学。留法预备班自创办以来到 1919 年夏，已经有两个班毕业。1919 年 9 月，刘少奇进入该校第三期留法预备班学习。

这里的教学很特别，采取的是半工半读的方法，即半天读书，半天劳动。这里的学生，每天上午学习两个小时的法语和两个小时的机械制图课，下午进行四个小时的劳动实习或参加集体活动。法语教学进度很快，每天需要记 60~80 个单词，还要学习文法与会话。这样的进度即使学完四年中学课程的同学都会感到吃力。刘少奇在中学学过两年英文，凭着这点外文基础，每天天刚放亮就起来背单词和朗读课文。由于他加倍刻苦用功，他的法文成绩在全班一直名列前茅。

机械学是他们学习的主要技术理论课程。新中国成立后曾任清华大学副校长的刘仙洲当时承担机械学课程的讲授。刘仙洲为使学生在短时间内获得更多的知识和技能，结合学生的实际情况自编讲义，讲课时，深入浅出，条理清晰，使刚刚接触这门学科的学生都产生了浓厚的学习兴趣。他对学生的要求非常严格，发现学生不按要求写作业，一律打回重做。这种严肃的治学态度和工作作风，对刘少奇影响很深，他一直非常敬重刘老师，并将他作为自己治学和工作的楷模。

学校附设供学生实习的铁工场和木工场，有三个车间，一台小型发动机，还有车床、钻床、刨床等十余台机器。为配合教学，学校还特地请来一位技师和两名技术工人指导学生上机实习。

刘少奇不仅是全班成绩优秀的学生，也是一个勤劳守纪、技术娴熟的好工人。每天下午进工厂实习时，他总是提前来到现场，帮助工人师傅准备工具，检查机器设备；下班时，还要与工人师傅一起把车间打扫得干干净净，把机器设备、工具整理好才离开。遇到复杂的操作技术，他虚心向工人师傅请教，反复进行操作。刘少奇的表现受到了工人师傅的好评。这样，刘少奇在较短的时间内学习了打铁、翻砂、钳工、车工和做模具，熟悉了一些机床的性能和特点，并达到熟练操作的水平。这些都为他后来能

中国社会主义青年团中央机关旧址

够深入车间同工友们一起劳动，从事工人运动提供了便利。

育德中学不但为刘少奇等一批进步青年学习技术和进行生产实践创造了条件，而且该校民主、自由的环境也为这些有志青年接受世界进步潮流奠定了基础。校长王国光思想进步，他经常亲自向学员们讲国内外形势，和学生一起探讨救国道路。他还主持办了一份校刊，向学生介绍国内军阀混战的动态，宣传俄国十月革命的胜利和布尔什维克党的革命主张。《新青年》《每周评论》《湘江评论》等进步刊物，也在学校里公开陈列，供学生阅读。通过学习与劳动实践，他们迅速成长起来。

1920 年 6 月，刘少奇从育德中学留法勤工俭学预备班毕业。他立即返回北京，满怀信心地同华法教育会联系，要求去法国勤工俭学。可是，华法教育会这时仍规定留学费用一律自付，而且比以前更贵了。钱的问题再次让刘少奇犯难。他想马上回湖南想办法解决，不巧的是，正赶上直皖战争爆发，京汉铁路瘫痪，火车停开。直到 8 月，铁路才恢复通车。刘少奇急匆匆返回长沙，准备张罗赴法的路费。回到长沙不久，刘少奇又得到一个消息：赴法勤工俭学停办。由于第一次世界大战已经结束，法国的劳动力不再紧张，法国当局不仅开始阻止中国留学生入境，一些在法的留学生还被遣送回国。有鉴于此，华法教育会发出通知，停止赴法勤工俭学的选送工作。这样，准备了很长时间的留法计划彻底泡汤了，这对一心希望赴法寻找救国真理的刘少奇来说，无疑是一瓢冷水。

不久，刘少奇得到消息，在湖南已成立了“俄罗斯研究会”和留俄勤工俭学团的组织。而且长沙的报纸上还介绍说，赴俄国学习，不仅旅费比较低，俄国的苏维埃政府还可以优待。刘少奇想，如果能去俄国不是比去法国更理想吗？于是，他立即做出决定，改赴法勤工俭学为赴俄留学，到十月革命的发源地，到列宁的故乡去。

刘少奇这时并不知道，长沙的“俄罗斯研究会”原来是由毛泽东、何叔衡等湖南革命人士于 1920 年 8 月发起组织的。他们在稍后开始筹建社会主义青年团。在这个过程中，长沙船山学校校长贺民范起了不小的作

用。贺民范早年参加同盟会，是湖南著名的进步民主人士，五四运动后与陈独秀常有交往。他对信仰社会主义的进步青年开展的活动很支持。长沙的“俄罗斯研究会”和社会主义青年团在筹建的过程中，都曾借用他的声望进行号召。不少湖南青年都是通过他和这两个组织发生联系的。

通过贺民范的介绍，刘少奇加入了社会主义青年团。由于当时湖南的社会主义青年团还在筹建的过程中，没有什么具体活动。关于赴俄罗斯勤工俭学的事，贺民范要刘少奇先到设在上海霞飞路新渔阳里六号的外国语学社学习一段时间的俄语，由外国语学社统一安排去俄国。外国语学社由陈独秀在共产国际的帮助下创办，实际上是一个专门培养革命青年的训练班，负责人是共产国际派来的杨明斋。与刘少奇同时到上海的还有任弼时、萧劲光等进步青年。

刘少奇赴俄留学的主张得到了母亲和兄长的理解与支持。1920年冬，刘少奇带着家里好不容易为他凑足的路费，在长沙湘江码头登上了火轮船，沿湘江、洞庭湖、长江而下，直达目的地上海。

到了上海，外国语学社已经开学。因持有贺民范的介绍信，他们受到了热情接待。外国语学社的学员人数不固定，多的时候达五六十人，少的时候有二三十人。由于上海外国语学社是临时性质的，各种条件都很艰苦。上课时的课堂教学，除了挂一块黑板，没有课桌，只不过是临时放了各种各样的凳子。住宿条件也很差，学员都是睡地铺。

刘少奇一行被安排在学社厢房楼上的集体宿舍，楼下为教学和办公场所。这里的生活是很艰苦的，每人每月按规定吃5元钱的包饭。为节省点钱买书，同学们想出一个办法，就是五个人合伙包四个人的饭，省下一个人的饭费来做五个人的杂费。虽然吃、住等方面的条件很差，但这些热血男儿聚集在一起，很是开心，学习的积极性很高。由于刘少奇的年龄要大一些，而且又显得成熟和持重，大家都把刘少奇作为老大哥看待，很敬重刘少奇。刘少奇也和大家相处得很好。大家都是热血青年，朝气蓬勃，乐观向上。

外国语学社的主要课程是俄语，由杨明斋和共产国际代表魏金斯基的夫人库兹涅佐娃讲授。为了便于去俄国后的学习和工作，要求学员们在几个月内掌握俄语的几千个常用单词和最基本的语法，做到具备初步的听、读、写、说的能力，因此，学习任务十分繁重。在上海外国语学社，刘少奇和同伴们除了学习俄语之外，还要学习马克思主义基本理论。由于当时马克思列宁的著作传到中国的还很少，便由陈望道将刚刚翻译成中文的《共产党宣言》向学员们讲解。此外，学员们还参加了上海工读互助团和上海马克思研究会的活动。把学习俄文、马克思主义基本理论和了解上海工人阶级生活状况联系起来，进一步确立了对马克思主义的信仰，为赴俄留学做好了准备。

刘少奇在上海外国语学社，生活艰辛不觉什么，最大的难题就是学俄语了。因为要在那么短的时间里掌握必备的俄语，绝不是一件轻松的事情。因此，刘少奇在学习中十分刻苦，给同学们留下了很深的印象。萧劲光曾回忆说："少奇同志几乎没有个人爱好，从不闲聊，也不随便上街，我们虽不住在一起，但是看见他的时候，他多是在学俄文，阅读《共产党宣言》，思考着中国革命的问题。"

1921 年春天，他们拿到了前往俄国的护照、船票和去莫斯科学习的介绍信。他们被分成几个小组，分别派往俄国留学。这样做的目的是缩小目标，行动起来方便，既是有组织的，又可以互相照顾和帮助。刘少奇与任弼时、萧劲光、曹靖华等十几个人分在一个小组。

出发之前，刘少奇他们都精心化了装，打扮成从事各种职业的旅客，表现出的气质也尽量与各自的"职业"相适应。刘少奇、萧劲光化装成裁缝，任弼时化装成理发师，曹靖华化装成新闻记者等。大家都装作互不相识，只是暗地里互相关照，以眼神来"说话"，以约好的动作进行交流。

1921 年 5 月初，刘少奇与任弼时、萧劲光等十余名社会主义青年团团员，自上海吴淞口登上了轮船，踏上了去往莫斯科的漫漫征程。

七、留学苏俄，研读马列著作

当时中国的北洋政府对列宁领导的俄国革命极端仇视。为了防范俄国十月革命对中国的影响，从1918年起，黑龙江省督军就封闭了中俄边境，切断了中俄陆路交通。所以，刘少奇他们只能从海路取道当时被日本占领的海参崴（今符拉迪沃斯托克）赴苏联。

刘少奇等人中多是南方人，对北方的气候状况不甚了解。5月，从上海出发时，天气已比较暖和。此时的海参崴气候依然寒冷，到处冰天雪地。由于没有携带御寒的衣服，抵挡不住刺骨的寒流，只好在当地的一家由中国人开的小旅馆住下来。

这时，苏联红军已经控制了伯力（今哈巴罗夫斯克），与日本控制的

莫斯科东方大学旧址

海参崴形成对峙。因此，当刘少奇他们一到海参崴，就被北洋政府驻海参崴领事馆盯上了。他们误以为刘少奇等人是孙中山派往苏联去的，便借故把他们几个人抓起来审问。刘少奇他们不知道在哪个环节上出了纰漏，只得见机行事。

领事馆大厅里摆开了阵势，审问者在桌前正襟危坐，首先审问刘少奇，要他说出自己的姓名、籍贯、要去哪里，等等。

当时，南方人到这里打零工的很多，主要从事理发、裁缝等手艺活。刘少奇虽然初临审问场面，但事前有心理准备，并没有太多的恐惧，始终神态自若。他用浓浓的湖南口音回答问题，不露半点破绽。他回答说自己是湖南人，因家乡严重受灾，衣食无着，迫不得已背井离乡，出来做手艺谋个生计。

听了刘少奇的回答，审问者口气缓和了些。他又问刘少奇会什么手艺，刘少奇连说带比画，说木工活、铁匠活、缝纫，都拿得起来。审问者将信将疑，把刘少奇仔细地打量了一番，并命手下上前察看刘少奇的双手。由于刘少奇在留法预备班工厂实习了近一年，手掌上的老茧还没有完全蜕掉。审问者挥挥手，让刘少奇站立一旁。

刘少奇的应对自如，给其他人也壮了胆。他们的回答也没有露出破绽，审问者找不到怀疑证据，就都把大家释放了。经过这场波折，同伴们都对刘少奇格外佩服，对他更加信任。

刘少奇一行机警脱险后，根据原来的安排，迅速与共产国际驻海参崴秘密联络机关的工作人员伊万诺夫取得联系。伊万诺夫的公开身份是海参崴大学教授。伊万诺夫得知他们曾被海参崴中国领事馆审问，觉得他们不宜在这里多留。便迅速安排他们马上去伯力，以免节外生枝，再发生不测事端。伊万诺夫当即给他们每个人发了一张用俄文打印的秘密通行证，并再三嘱咐他们一定要妥善保管好，只有见到苏联红军时方可出示。因为如果通行证被白俄或日本人发现，他们就有生命危险。

在伊万诺夫的安排下，刘少奇一行乘上了去伯力的火车。火车在风

雪中行驶得很慢，经过一整天行程才到达乌苏里。乌苏里是苏联红军和日军防线的交界处，伊曼河大桥横贯南北。桥南是白区，即由日本控制的区域。桥北是红区，即苏维埃俄国控制的区域。由桥南去桥北，各要口都有日军把守着，检查很严格。

刘少奇急忙招呼大家下车，仍按原来三三两两的分散形式，夹杂在人群里前行。他们挤过检查站，清点人数时发现少了任弼时，刘少奇心中暗暗叫苦。正在这时，一辆火车缓慢驶来，刘少奇他们来不及多想，一个个纵身攀登上这辆只有 3 节车厢的火车。

列车工作人员发现有人爬上车来，便上前进行盘问。刘少奇他们担心对方是白匪军，回答时有点吞吞吐吐，这更引起列车工作人员的警觉。他们吓唬这些年轻人，虽然对方说话不大听得懂，但从他们所做的手势中可以猜得到：如不老实交代，就要把他们枪毙。

这时，一位同学身上的秘密通行证被发现，刘少奇他们心里一下子紧张起来。列车工作人员仔细看了一下，突然大笑起来，他拍拍刘少奇的肩膀，亮出了苏联红军军官的证件。

刘少奇他们弄清了眼前的列车人员就是红军以后，都不约而同地把身上的秘密证件掏出来，眼睛里闪动着激动的泪花。这位苏联红军军官把刘少奇他们带到列车长工作室谈话，并给予了热情款待，他们不仅吃到了可口的饭菜，还美美地睡了一觉。醒来之后，他们发现已经到达伯力。这时，任弼时也顺利脱险，赶到了伯力。原来任弼时这几天感冒发烧，因而被怀疑是患上了鼠疫，被扣留了下来。两天后，任弼时巧妙地混过了检查，乘另一班车赶了上来。

在伯力休息五六天后，他们决定分水陆两路出发，任弼时等人坐火车，刘少奇等人乘轮船西行，约定在布拉戈维申斯克会合后再乘火车经赤塔去莫斯科。

到了布拉戈维申斯克，在苏联红军的帮助下，刘少奇他们乘坐一辆装载货物的闷罐车继续前行。一路上，战争给苏联的城市和乡村造成的创伤随处可见。火车在旅途中，也很难得到像样的供给。由于苏联革命胜利不久，物资匮乏，老百姓的生活极为艰难。此时，西伯利亚的残雪依然存在，车厢里没有取暖设备，非常寒冷，大家只好紧紧挤在一起。刘少奇他们乘坐的火车不仅十分简陋破旧，而且没有煤烧。火车头要靠木材生火做动力，加上铁路的路轨也是一段好一段坏，火车是开开停停，遇到路况不好时，需要停下来进行抢修。有时候车上的木材烧完了，旅客们还得下车到山上去运木材，有几次还遇到了土匪的袭击。就这样，这列火车就像老牛拉破车一样，在这段并不太长的路段走了十多天。

赤塔市是个四面环山的山城，也是苏联新建立的东西伯利亚远东共和国的首府。刘少奇他们乘坐的火车在这里得到补给后，经过贝加尔湖和伊尔库茨克，继续西行。

历经三个月的行程，1921 年 7 月，刘少奇一行到达莫斯科。

莫斯科，是当时中国进步青年向往的“红都”和“圣地”。刘少奇一行来到这里后用惊奇的目光关注着这里的一切。那高耸的克里姆林宫钟楼，雄伟的红场，宽阔、干净、笔直的街道，这一切看起来都是那么亲切。不仅如此，让这些中国进步青年更羡慕的是，这里没有“租界”，没有流浪街头的乞丐，也没有摇头摆尾、神气十足的阔老爷，他们看到的是为幸福生活而忙碌的人们。这是多么令人向往的生活！多么令人向往的社会！

这时，适逢共产国际第三次代表大会在莫斯科召开。刘少奇他们被分配到代表们住的一个旅馆里，帮助做一些会务工作。作为会议的编外人员，除了协助做好会务外，遇有大会报告，他们就领取入场券与参会的东方民族代表一起旁听。会议期间，刘少奇他们见到了列宁，还聆听了列宁震撼人心的报告。

共产国际第三次代表大会结束后，刘少奇他们进入莫斯科东方劳动者共产主义大学（即莫斯科东方大学）中国班学习。他们是东方大学的第一批中国学员。在学习期间，为了避免危险和将来回国做革命运动时方便，

每个中国学生都取了一个俄文名字。东方劳动者共产主义大学的课程都由俄国教员任教，学习的课程有马克思主义经典著作选读、俄共党史、国际共产主义运动史、西方革命史、哲学、政治经济学等。由于当时马克思列宁主义著作翻译成中文的极少，一些后来常见常用的中文名词，如无产阶级、资产阶级、帝国主义、工会、同志等，没有一个标准的译法，许多名词不知翻译成什么好。如俄文"同志"一词，有的翻译成"伙计"，也有人将它译作"扛货物的人"，后来才统一翻译为"同志"。"全世界无产者联合起来"一语，译成中文变成了"四海之内皆兄弟也"。刘少奇他们大都是初学者，过去很少接触到马列原著，对马克思主义革命理论知之甚少，仅在上海经过短期培训，加上俄文基础比较差，因此，学习起来感觉很吃力；再加上俄文教师中大多数不懂中文，交流起来更加困难。学员们只能借助很粗糙的《俄华辞典》作为翻译工具。一旦出现俄文新名词、新术语时，学员们就弄不明白了。

为了让这些历尽艰辛、冒着生命危险到俄国寻求革命真理的中国青年能学好课程，学校请来了在俄国采访的瞿秋白任教。瞿秋白的俄文很好，又了解学员们的实际情况。他认真备课，讲得通俗易懂，学员们的学习状况有了很大的改观。

东方大学的制度非常严格，完全采取军事化的管理。这是中国学生在国内还没有经历过的。每天早晨，学员们跑步到操场列队操练。然后用冷水洗一把脸，吃块黑面包，就去上课。每天上、下午的课程都排得很紧，形式也多种多样。有时去听课，有时听报告，也有讨论和自学，还要参加一些重要的政治活动。晚上要轮流站岗放哨，星期天参加义务劳动。

当时，苏维埃俄国正处在严重的困难时期。战争的创伤再加上敌人的封锁，使全国的经济状况很差。严重的形势迫使苏维埃政府实行战时共产主义政策。中国学生的生活和红军战士一样，这在当时已经是最高待遇了。他们每人只能分配一块二两多的黑面包，分餐食用。中午最丰盛的一餐也只是给每人供应一碗有几片土豆或萝卜的清汤，偶尔在里面加一点咸

鱼就算是好汤了。开饭时每人盛一勺，一勺子下去盛到什么算什么，大部分是清汤，如果能够捞到一点鱼片、萝卜片或土豆片之类的，那算是交好运了。这些20多岁的小伙子因长期吃不饱，竟连上楼的力气都没有了。他们的衣服、被子都是统一发的，其中的大部分由欧洲各国工人捐赠，因为单薄、破旧，抵御不了莫斯科的漫漫寒夜。住宿条件也不好，40多人挤住在一大一小的两间平房里。莫斯科的冬天极其寒冷，尤其是到了夜里，常常冻得大家不能入睡。这种在"日日饥饿连，夜夜寒相逼"的环境中学习和生活，与当初的预想相距甚远。有极少数同学的思想发生动摇，感到苦闷与后悔，提出要求回国。而绝大多数的中国学员从不叫苦。他们知道从万里之外的中国来到这里，不是来享受而是来寻找救国真理。因此，思想乐观，情绪稳定，学习积极性高。他们抓紧时间，尽量多学一些马克思主义的革命理论和俄国十月革命的新经验。

刘少奇在东方大学同样是优秀生。他夜以继日地阅读着马克思、列宁和其他革命领袖的著作。尽管俄文原版书读起来吃力，但他借助字典一部一部地啃。刻苦的学习必然有丰厚的收获，刘少奇通过对马克思主义理论的系统学习，初步掌握了认识世界的科学方法，思想觉悟不断提高。

刘少奇始终表现得很坚定，他认为，苏联的困难是暂时的，是一场伟大的革命之后所不可避免的。天上掉不下来美好的生活，劳动人民要活得像个样子，除了革命外，还得自己去建设，怨天尤人是不能改变现实的。艰苦的生活可以锻炼人的意志，激发人们强烈的革命事业心。一个革命者，要担负起前所未有的改造世界的重任，就必须自觉地在艰苦的环境中锻炼意志，提高修养。他鼓励同学们团结互助，共同克服眼前暂时的困难。他自己更是以身作则，专心致志，如饥似渴地学习马克思列宁主义，寻找打倒中国人民的敌人，建立劳动人民当家做主的国家的道路。

1921年7月，中国共产党成立。同年冬，东方劳动者共产主义大学中国班开始建立党的组织。刘少奇与罗亦农、彭述之、卜士奇、萧劲光等由中国社会主义青年团团员转为中国共产党党员。刘少奇还担任中共旅俄支

部委员。

1922年元旦，东方劳动者共产主义大学组织新年联欢会，要求在校学习的各国各民族的学生都要表演一个节目。中国留苏学生排练了一出关于中国封建军阀和资本家相勾结，镇压工人罢工和中国工人阶级进行英勇反抗的独幕剧。刘少奇性格内向，不擅表演，但为了带动大家积极参加联欢活动，便报名饰演这部剧中的工人角色。彭述之则扮演了另一主角——北洋军阀吴佩孚。其他同学也都在戏里扮演了不同角色。由于属自编自演的剧目，因此在排练时，大家都热烈地讨论着各个角色应当如何演。刘少奇为自己设计的角色，是一个流着鼻涕、破衣烂衫、耸着肩膀的人。有人说这种扮相不好，但刘少奇却认为，中国的工人苦难深重，应当就是这个形象。刘少奇后来回忆说，这虽然是一次舞台艺术创作，却成为他从事工人运动、组织无产阶级开展武装斗争的契机。

1922年1月，莫斯科举行了远东各国共产党及民族革命团体第一次代表大会（也称远东劳动者第一次代表会议）。出席大会的中国代表团代表来自各个方面，有中国共产党代表张国焘、张太雷，中国国民党代表张秋白，中国社会主义青年团代表俞秀松以及一些无党派的代表，工人、农民、知识分子的代表，城市中小资产阶级的代表等，团长是张国焘。刘少奇、任弼时、萧劲光除出席大会外，还担负着大会的一些文书工作。

大会的开幕式是在莫斯科的克里姆林宫斯维尔德洛夫大厅举行的。列宁、托洛茨基、季诺维也夫、斯大林等被推选为大会的名誉主席。大会共举行了12次全体会议。会议通过了《华盛顿会议的结果和远东形势》的报告。它号召远东地区各国被压迫民族在苏联和西方无产阶级的援助下，开展反对帝国主义、封建主义的民族民主革命运动。中国代表团有5名代表在大会上发言。张国焘作为中国代表团的主要负责人，向大会做报告。他在报告中介绍了中国无产阶级和农民的处境、土地关系、学生运动、工人运动等方面的情况。刘少奇参与了张国焘主要报告的起草工作。

1922年初，东方大学发给每个学员一张“调查表”，要大家认真填写对有关问题的认识。刘少奇在“对现在社会做何感想”中写道：资本主义已不能统治全世界了，社会主义的社会组织必将由人类的努力开始实现，我们处在这个时代的人，应对此充满希望并努力促进这段历史。在“对社会主义青年团的意见”中，刘少奇提议：注意训练，提高团员对团体的责任心，要使团体是对外发展的、行动的。这些训练都建筑在军事上，方能成为革命的团体。但办法须由当时环境定夺。对于自己希望从事的工作，刘少奇填的是“工人运动、青年运动”。

1922年春，由于中国共产党的革命活动已经展开，急需既有马克思主义理论基础，又有一定实践经验的骨干力量。刘少奇的学业还没有完成，就被通知提前回国参加革命运动。已经成为中国共产党党员的刘少奇，接到指示后，坚决听从党的号召，踏上了回国的征程。

刘少奇在苏联留学虽只有一年时间，但通过努力学习，已经掌握了救国救民的“真经”：他懂得了马克思和恩格斯关于无产阶级斗争的思想理论；懂得了列宁关于无产阶级必须建立自己的政党和依靠政党去进行革命斗争的理论问题；懂得了工人阶级只有组织起来才有力量，无产阶级只有通过武装斗争才能取得工农苏维埃革命政权，工人阶级只有团结农民阶级、小资产阶级等阶级才能与强大的敌人进行斗争等马克思列宁主义精髓。

八、安源大罢工的“前敌总指挥”

刘少奇从苏俄回国后，先在中国劳动组合书记部工作。中共二大后，被陈独秀派往湖南工作。

1922 年 8 月，刘少奇向中共湘区委员会和毛泽东报到后，便立即投入工作。他先是参与粤汉铁路工人罢工的组织领导，后受毛泽东委派到江西安源路矿，参加由李立三等组织领导的更大规模的工人运动。

接到命令后，刘少奇以最快的速度行动。他花 6 元钱买汽车票先到株洲，然后爬上株萍铁路的火车，于 1922 年 9 月 11 日到达安源。

安源路矿是安源煤矿和株（洲）萍（乡）铁路的合称，位于湘赣交界处的江西萍乡境内。创办于 1898 年的安源煤矿，由清朝大官僚张之洞、盛宣怀以“官督商办”的名义向德国借款兴建，后来，日本帝国主义以贷款的方式，逐步排挤了德国，取得了煤矿的实权。它是近代中国最大的实业之一 —— 汉冶萍公司的一部分，有株萍铁路与粤汉铁路相连，拥有煤矿工人 12000 多人，铁路工人 1000 多人。几十年来，路矿工人深受帝国主义、封建军阀和资本家的多重压迫，过着暗无天日的生活。当时，外国矿师的月薪多达 2000~3000 元，而终日劳作的工人仅五六元。即使如此微薄的工资，矿方还一拖再拖，常常数月不发一次工资。“少年进炭棚，老来背竹筒；病了赶你走，死了不如狗”是安源路矿工人生活的真实写照。残酷的经济剥削，非人的待遇，使得这里的工人充满了阶级仇恨。

中共湘区委员会成立后，毛泽东就将这里作为工作重点之一，除亲自到安源考察外，还派李立三前往开展工作。1922 年 5 月，安源工人成立了自己的俱乐部，并为争取工人俱乐部的合法地位，同路矿当局形成对峙，大规模的罢工斗争大有一触即发之势。

刘少奇到达安源时，路矿工人与路矿当局已成剑拔弩张之势：路矿当

局勾结萍乡县知事，调集军阀部队，威逼工人解散俱乐部。面对反动当局的高压，工人则针锋相对，提出“承认工人俱乐部、每月发给俱乐部二百元津贴、还清工人欠薪”三项要求，并限期两日内圆满答复，否则将举行大罢工。9月12日，路矿当局表示可以解决前两条，对于第三条，则以财政困难为由加以拒绝。当局的态度令工人十分失望。

当晚，李立三、刘少奇召集工人俱乐部负责人紧急会议，商讨对策。会上，刘少奇对面临的形势进行了分析，认为路矿工人举行罢工有三个有利条件：一是此前的粤汉铁路、汉阳铁厂工人罢工斗争的胜利，极大地鼓舞了安源路矿工人斗争的决心；二是俱乐部已在工人中树立了威信，工人们对它言听计从，只要俱乐部一声令下，绝大多数工人都会响应；三是路矿当局虽然表面上气势汹汹，骨子里却害怕工人罢工，因为一旦煤矿停产，买办资本家无法向帝国主义主子交账。会议决定成立罢工指挥部，组织工人纠察团，制定了争取洪帮和利用资本家内部矛盾的策略，会议还根据路矿工人的实际情况，特别是毛泽东提出的“必须取得社会舆论的同情和支持”和“哀兵必胜”的策略，确定了“从前是牛马，现在要做人”的口号。

由于李立三自1921年冬天起就在安源活动，反动当局早已盯上了他，多次扬言要除掉他。而刘少奇刚刚来到安源，反动派根本不认识他。为确保罢工的顺利进行，刘少奇、李立三进行了分工：刘少奇任工人俱乐部全权代表，常驻工人俱乐部坐镇指挥，必要时公开亮相，与路矿当局进行面对面的斗争；李立三任罢工总指挥，秘密策应。

1922年9月13日，李立三、刘少奇与俱乐部其他负责人蒋先云、朱少连等分别进行罢工前的各项准备工作。除起草罢工宣言和标语口号外，他们深入到工人中间做发动工作，组织工人纠察队，联络当地洪帮头目，防止他们捣乱。当天，路矿当局对工人的要求仍没有答复。这表明，罢工的时机已经成熟，是采取行动的时候了。李立三、刘少奇等经过紧急磋商，毅然决定：根据工人们的强烈要求和目前情况，实行全路矿大罢工！

发动罢工的命令从罢工指挥部迅速下达到整个矿区。

9 月 14 日凌晨，安源车站响起震耳欲聋的汽笛声，安源路矿工人大罢工开始。一时间，一万多工人从矿洞、工棚、车间、厂房内涌出。他们挥舞着旗帜、标语，高呼着口号，矿洞被封闭、机车停止运行，机器停止转动，整个路矿陷于瘫痪状态。

从上午开始，安源的街头巷尾贴满了“从前是牛马，现在要做人”的标语和《罢工宣言》。《罢工宣言》称：

“各界的父老兄弟姐妹们，请你们看：我们的工作何等的苦啊！我们的工钱何等的少啊！我们时时受人家的打骂，是何等失人格啊！……我们的命要活不成了，我们于死中求活，迫不得已以罢工为最后的手段……”

罢工开始后，手执白旗、铁棍，佩戴袖章的纠察队员四处巡查，负责侦察的工人进行监视和警戒，工人们全部集中待命，而监工和工头等一律凭俱乐部核发的通行证才能通行，街市上过去常见的赌博嫖娼、游手好闲、打架斗殴等丑陋现象不见了，到处肃然清静，秩序井然。

罢工斗争开始后，安源表面上看起来很平静，实际上一场复杂的斗争即将打响。路矿当局先是纠集少数工头，收买、拉拢和恐吓一些未加入俱乐部的工人下井开工，为工人纠察队所阻，没能成功。继而勾结赣西镇守使派军队进驻路矿，在安源设立戒严司令部，并占领工人俱乐部，试图以武力胁迫工人复工。愤怒的工人同全副武装的士兵形成对峙，情势万分危急。在这千钧一发之际，作为罢工“前敌总指挥”的刘少奇，沉着冷静，对士兵高喊：“士兵兄弟们，我们都是苦同胞，你们抛亲别娘，出门吃粮当兵，是为了活命。而我们工人今天罢工，也是为了生计呀！本是同根生，相煎为哪般？工人们饥寒交迫，走投无路，罢工是迫不得已，你们赶快离开这里吧！”在刘少奇的劝说动员下，士兵们悄然退出俱乐部，避免了一场流血冲突。

当局一计不成，又生一计。14 日下午，商会代表和地方绅士来到工人俱乐部，协商解决罢工问题，刘少奇以工人全权代表的身份出面，提出了

协商的条件，即以工人俱乐部提出的十七条要求为基础。对方以“先请工人开工，再慢慢磋商条件”来搪塞。

刘少奇严正答道：“工人所希望的在于解决目前生活问题，若路矿当局不派全权代表从协商条件下手，徒用一句滑稽空言做回答，事实上恐万不能解决。”

鉴于当局采取拖延、欺骗的手段，刘少奇决定发动反击。为了取得社会舆论的广泛同情和支持，争取罢工胜利，刘少奇根据“哀兵必胜”的谋略思想，决定继续采取“哀兵政策”，最大限度地团结一切力量，孤立少数反动派。工人俱乐部发表了第二次《罢工宣言》：

“各界的父老兄弟：米也贵了，布也贵了，我们多数工友——窿工，还只有二十个铜子一天，买了衣来便没有饭吃，做了饭来便没有衣穿，若是有父母妻子一家八口的那就只有饿死的一条路子！我们不能饿着肚子做工，所以要加工钱；我们不能赤着身体做工，所以要加工钱。路矿两局只要将那纸烟酒席费节省一点下来就够我们要加的工钱，但我们停工已是几天了，他们还是不理，不是要强迫我们向死的路上走吗？……路矿两局要强迫我们去死，我们自然是非死不可，现在一万多工人都快要死了！亲爱的父老兄弟们，你们能忍心见死不救吗？……我们要求路矿两局的条件，是唯一救死的办法，不达到我们的要求，便没有生路，我们也只好以死待之！”

罢工进行到第三天，路矿当局顶不住了。9月16日中午，派人送来一封信，请俱乐部代表到戒严司令部谈判。刘少奇决定亲自前往。

工人们闻讯赶来，纷纷劝阻他：“戒严司令部是虎穴。刘代表，你不能去，他们会害你的。”

刘少奇非常理解工人们的心情，他解释说：“我去戒严司令部谈判，请大家放心。如果我们不去谈判，资本家反而会说我们无理，我们就是要利用谈判的机会，同他们进行面对面的说理斗争”，“我为大家办事，就是死了，也是光荣的。”

戒严司令部设在矿局办公大楼内，四周戒备森严，门口台阶上左右两挺机枪，进门后楼梯两边站立两排卫兵，走廊里排列着上了刺刀的士兵，如临大敌，杀气腾腾。

刘少奇镇定自若地穿过道道岗哨，进入谈判房间，坦然地坐到戒严司令李鸿程和矿长舒修泰对面的椅子上。李鸿程自恃手中握有重兵，十分骄横，他瞪眼望着眼前的这位年仅24岁的小青年，厉声喝道："工人俱乐部为什么要鼓动工人作乱？"

刘少奇毫不畏惧，高声反问道："你们究竟是谈判还是审问？工人们罢工不是作乱，而是要解决实际问题。如果今天不从磋商工人提出的条件入手，事情就没有解决的希望。"

李鸿程怒气冲冲地拍桌子威吓道："你们如果坚持作乱，我就把你先行正法。"

刘少奇脸上毫无惧色，他斩钉截铁地答道："如果不能满足工人提出的条件，就是把我砍成肉泥，工人们也是不会复工的。"

"我有军队，我有办法对付你们。"李鸿程吼道。

刘少奇针锋相对："你有办法，工人更有办法。"

这时，刘少奇到戒严司令部谈判的消息不胫而走，工人们不约而同地从四面八方聚集过来，戒严司令部外面黑压压地站了一大片。他们七嘴八舌地高声喊道："谁胆敢动我谈判代表一根毫毛，我们将把路矿两局打个片瓦不留！""要谈到工人俱乐部去谈。"

看到这种架势，路矿当局和戒严司令部害怕事情进一步闹大，无法收场，不得不缓和气氛，表示"一定会认真考虑俱乐部的条件"，请刘少奇下午再到这里商谈。

有广大工人的支持，刘少奇毫不畏惧，厉声说道："如果不磋商条件，我们可以不来。"说完，怒气冲冲地走出戒严司令部。

由于工人罢工，发电厂抽水机和打风机房的燃料很快用完，随时可能出现停机。而一旦停机，所有矿井都会报废。面对路矿可能倒闭的巨大压

力，路矿当局不得不同工人代表磋商复工的条件。9月18日，双方达成协议，路矿当局同意补齐拖欠工人的工资，并提高工人工资标准，俱乐部有权代表工人权利，矿局不得随意开除工人等。工人在罢工前提出的条件几乎全部实现，罢工取得了完全的胜利。

安源工人对全权代表刘少奇的才干和胆识十分钦佩和赞赏，称赞他“浑身都是胆”。一名工人特地问他：“听说你有十三块金牌护身，所以老板和军队不敢动你，是吗？”

刘少奇笑笑说：“我们的斗争是正义的，真理在我们一边，因此我不怕。我哪有什么十三块金牌，半点也没有，一万多名工人的团结，才是我力量的源泉。”

10月，安源路矿工人俱乐部改组，李立三任俱乐部总主任，朱少连任路局主任，刘少奇任窿外主任，余江涛任窿内主任。次年4月，李立三调离安源，刘少奇代理俱乐部总主任兼窿外主任。8月16日，俱乐部改选，刘少奇当选为总主任，全面负责安源工运工作。

随着时间的推移，刘少奇在安源工人运动中的决策作用日渐突出。他井井有条而又富于创造性地工作，引导全体工友向劳工解放运动的正确道路前进。

安源路矿工人罢工胜利后，工人们出于对刘少奇的爱戴，提出每月给他200块银洋的薪金，但刘少奇却只要了15块的生活费。当时工人们不理解，误以为他是嫌少了，私下又复议：矿局的矿长每月的薪金是420块银洋，我们俱乐部的刘主任为工人们办了那么多好事，给300块也是应该的。于是又给增加了100块，刘少奇仍然婉言拒绝了。后来，刘少奇在积极分子会上专门就此做了解释，讲明共产党人从事革命工作不是为了金钱，而是要让天下受苦的人都得到解放；共产党人的生活水平不能高于人民，不能贪图享受的道理。工人们对刘少奇更加尊重了。

9月，工人俱乐部举行罢工胜利一周年庆祝活动，刘少奇发表题为“对俱乐部过去的批评和将来的计划”的演讲，提出改造社会的步骤和工

人俱乐部今后的任务。他说:“社会改造的步骤，我们所主张的是:(一)使无产阶级团结起来，养成无产阶级支配社会的潜伏势力;(二)实行夺取政权，用政治的力量消除社会一切阶级的压迫——人的压迫;(三)在产业公有制度底下以极大的速力发展实业，减少人类所受自然的压迫。”刘少奇认为，后两项“是我们无产阶级终极的目的”，前一项是我们目前的迫切任务。他指出：安源工人俱乐部当时要做好以下几项工作:(一)努力建设与进行内部整顿，以稳固并扩大安源团体的基础;(二)扩大组织，由安源地方的组织进而为全国的组织;(三)训练部员，提高工人阶级的知识并训练工人做事的能力。

自大罢工胜利后，有更多的工人加入俱乐部，部员很快发展到1.2万多人。当时全国矿工加入工会组织的共有2.6万多人，其中安源工会会员就占了近一半。刘少奇认为，“工会的组织必须十分严密，极有系统”。为此，他主持制定了《安源路矿工俱乐部总章》。《总章》规定：俱乐部的基本组织为十人团，即部员每10人（或10人以下）联成一团，选举十代表1人；再由10个（或10个以下）十人团选举百代表1人；每工作处选举总代表1人。百代表、总代表由各处十代表选举之。由各处总代表组成最高代表会，为俱乐部最高决议机关；由各百代表组织的百代表会议，为俱乐部复决机关。由全体百代表会议选举总主任、路局主任、窿外主任和窿内主任，组织主任团，总理俱乐部一切事务，对外为俱乐部全权代表。在各级代表会议闭会期间，主任团为俱乐部最高机关。主任团下设干事会，作为俱乐部的办事机构。《总章》施行后，安源路矿工人俱乐部按照“民主的集权制”原则，把工人群众更加严密地组织起来，团结战斗，成为当时全国“组织最好的工会”之一。

自1923年二七大罢工被镇压后，各地工会差不多都被封闭，或被迫由公开转入地下搞秘密活动。在阴霾密布的白色恐怖的大气候下，安源路矿工人俱乐部却搞得有声有色，以雄伟的姿态巍然独存，成为全国工人运动低潮时期“硕果仅存”的“世外桃源”。

在大罢工胜利后的安源，工人俱乐部打破包工制，为工人群众谋得了一大福利。过去，安源煤矿实行包工制，窿内煤工、炼焦工等由矿局包给工头，工资以银元数计，而工头发给工人工资时则以铜元数计。工头每月剥削所得，有银洋七八百元者，有上千元者，超过工人工资好几倍。罢工胜利后，俱乐部废除了包工制，实行合作制，议定合作条规，将窿工处及窿外各处包工都由工人合议制定，窿工处工头每月工资自10元起至30元止，工人工资照罢工时条约规定不改，其余各项消耗归合作账内开支，所有红利工头占15%，管班占5%，其余80%由工人平分。这样，实行了20多年的包工制破天荒地被完全打破了。

大罢工胜利后，工人俱乐部建立了各级组织，如成立工人纠察队，还有类似法庭、监狱之类的机构。俱乐部还创办了不少文化福利机构。如俱乐部设立工人学校7所，对工人“专事主义与政治上之训练”，经常参加学习的工人子弟学生有700多人，工人补习学生有600多人。还有工人读书处5处，工人图书馆1个。俱乐部有专门的报告厅，能容纳听众2000多人，经常进行化装讲演，开展各种游艺活动。俱乐部还创办有消费合作社2所，资金2万余元。这样，工人们在工作之余，既可以读书、看戏、听演讲，又可以参加各种游艺活动。工人子女读书不用花钱，社会秩序由工人纠察队负责维持，出现矛盾发生争执由自己的裁判委员会裁判，购买日用品有自己的合作社，不受商人的中间剥削。

取得罢工胜利的安源工人还大力支援各地的工人斗争。如从经济上援助唐山、京汉、水口山、汉阳铁厂等处失业工人近2000元；援助株洲、长沙等地水灾难民1000多元。安源工人俱乐部还联络汉阳钢铁厂、汉阳轮驳工会、大冶铁厂工人俱乐部、下陆铁厂工人俱乐部，于1922年12月成立了汉冶萍总工会，后又加入全国铁路总工会，“开中国劳动运动未有之创举”，为恢复和发展全国工人运动做出了贡献。

大罢工胜利后，安源的党团组织也有了发展。到1923年底，共产党员由罢工前的10多人发展到60人左右。1925年 5月，安源有党支部15

个，党员增加到300多人。1925年，安源的团支部发展到36个，团员有400多人。为了培训党员，1923年冬，安源办起了党校，由刘少奇兼任校长。校址设在三十间房子（地名）。1924年冬，党团校合办，设初级班和高级班，初级班招收工人党团员，高级班主要培训学生党团员。学员结业后，有的被送去广州黄埔军校或农民运动讲习所学习，多数被派往工厂、农村开展革命工作，对各地革命运动的发展起了重要的作用。

但是，伴随着胜利的喜悦，出现了新的问题。许多工人头脑发热，喜欢将“工人”二字连起来写成一个“天”字，意思是工人就是“天”，就是上帝。在二七大罢工失败、全国工运处于低潮的情况下，盲目乐观，提出了一些过高的要求。例如，要求再增加工资，超过了实际可能的程度；自动将每日工作时间由12小时减至4小时，以致随便提前下班或自由旷工；不听管理人员、工头指挥，自由行动；要求扩大工会的权力，审理非工人，管理非工会范围内的事。多起事件造成了劳资双方的对立。一些职员、工头则借机制造事端，对工作故意不负责任，任凭工人自由行动，把事情做坏，使产量下降，然后煽动说：“工人们要这样，现在有工人俱乐部领导，我们管不着工人了。”将生产减低的责任推给俱乐部。路矿当局则借此向俱乐部施加压力。

当时在二七大罢工失败以后，资本家与封建军阀相勾结向工人进攻，安源路矿工人俱乐部独自为战，犹如“海中孤岛”。整个形势要求工会实行退却与防御的方针，然而工人却要求进攻。这种情形使刘少奇“苦闷欲死”。

为了忠实于工人的长远利益，刘少奇根据形势的变化和安源路矿具体的环境条件，确定了安源工人运动“立取守势”的策略。他一方面劝告工人不要骄傲和盲目乐观，不要乱动，竭力团结内部，防止资本家的进攻；同时，对资本家的破坏，奋斗到底，毫不退缩。

刘少奇认为，争得工人直接的利益，增加工资，减少工时，并不是工人运动的最终目的，而是“使大家认识阶级的利害而结合团体的一种

手段”。他认为，这种经济斗争从工人将来的全部的利益看来是很小的，但是，我们必须从这种利益很小的运动做起，使工人从切身利益中看见利害，“划清资本家与工人之界限，使工人阶级自觉的团结起来”。刘少奇强调，工人不能为部分的暂时的利益而妨害长久的整个阶级的利益。在一定的条件下，经济要求应有最高限度，不要以为要求越高越好，更不能因为工人俱乐部是“青天衙门”，就不顾一切地“事事冒险直冲”和“盲目地奋斗”。刘少奇指出，除保障工人利益外，“提倡工人自治，促进实业进步，在工作上服从职员责任范围内之正当指挥，都是俱乐部的主要任务”。当时首要的一条，就是要遵守协议，保证矿区产量，消除资本家制造事端的借口。

1923 年夏，安源路矿工人俱乐部邀集各处总代表与矿局矿师、总管段长等召开联席会议，共商整顿矿局生产的办法，刘少奇在会上依据调查得来的材料指出，煤矿出产减少的原因，第一为缺桶；第二为工头职员在工作上太不负责；第三为一部分工人见工头职员完全不负责，不服指挥。他要求矿局采取补救办法，如添置新桶，赶修烂桶，严令各工头职员在工作上切实负责。同时，要求俱乐部教育工人在工作上服从工头职员在其责任范围内的正当指挥。联席会议后，安源煤矿的生产很快恢复到正常水平，产量逐步上升。

当然，在涉及工人切身利益问题上，刘少奇是不会让步的。

事实上，自大罢工胜利后，为落实劳资双方达成的协议，维护工人的利益，刘少奇与路矿当局不断进行斗争。即使在全国工人运动处于低潮时期，这些斗争一直在进行，而且还取得不少新的胜利。

大罢工胜利后不久，1922 年 12 月 23 日下午，刘少奇即与窿内主任余江涛去找矿长李寿铨（镜澄）交涉，谈工人要求加发半月工资的事情。因为大罢工时劳资双方达成的 13 项协议中有“每年 12 月须加发工资半月，候呈准主管机关后实行”一条，这时工人即向矿局要求发给年终加薪。12 月 25 日，矿长约见刘少奇等说：“矿局经济困难，难于照发。”并要刘少奇

劝导工人“勿再要求”。后几经交涉，路矿当局尚不能圆满答复。且11、12月的工资亦以经济困难为由拖着不发。工人俱乐部坚持文明交涉，提出月饷可待下月再发，先发年终加薪，矿局亦不承认。于是，工人群众十分气愤，以致要以怠工相对抗。至1923年1月中旬，矿局同意先发加薪的一半，其余一半加薪待后缓发；上年11、12月份工资移至下月初发。索饷斗争取得了胜利。

1923年6月，路矿当局私自给少数亲近的工人增加工资，引起多数工人的不满。工人俱乐部认为这样做不合理，于是提出“要增一起增”的要求。路矿当局以经济困难为理由，不同意普遍增加工资。从6月11日起，刘少奇多次代表工人俱乐部找矿长李寿铨磋商。7月11日，他与矿局代表签订了协议条件。具体内容是：

（一）凡薪资每日在1元以上之工人，上年举行大罢工时未增工资者，照原薪增加5%；（二）矿局每月津贴工人俱乐部经费1000元（原有200元之津贴在内），从1923年7月起付给；（三）矿局以后增加工人工资，须通知俱乐部；（四）矿局对于学徒，每年须考查其成绩一次；（五）俱乐部对于矿局出产应竭力维持，照现人数，每日平均出产额达到2300吨以上之数目；（六）矿局所制定的工人遵守规则，无论何处工人，皆应共同遵守。如有违犯，照该规则办理；（七）以后工人如果有事项，应由俱乐部主任团与矿局当局接洽，不得动辄聚众喧扰要挟，并不得动辄罢工妨碍工作，有此项情形，应由俱乐部负责。

1924年7月以后，矿局又使出拖欠工资的老办法。到当年年终，矿局不仅拖欠工人11、12月的工资不发，且要取消年终加薪。1925年1月7日，安源路矿工人俱乐部发《快邮代电》，申明要“向矿局索取加饷，给清积欠工资，非达到目的不止”。

1925年1月15日，刘少奇领导安源工人举行第二次大罢工。

在罢工之前，路矿工人俱乐部先礼后兵，向矿局提出要求：（一）当欠饷未发清时，萍矿运往汉冶及轮驳的焦煤一概停运，若售卖以发工饷者，

则照常运驶；（二）当欠饷未发清时，须多煤售卖以发工饷，饷未清时或以后工饷无着时，得将此办法延长，卖煤之经济必须公开；（三）欠饷每月2分5利息，须从1月15日算起。矿局对工人的要求不加理睬。1月15日，根据工人俱乐部的命令，安源工人举行罢工，拒绝运焦煤。

罢工两天后，资本家被工人包围，只得请求与工人代表谈判。于是，刘少奇代表工人俱乐部与矿局代表进行了谈判，使矿局答应在两星期内发清欠饷，照发年终加薪。安源工人的斗争又一次取得了胜利。

回忆那一时期的自己，刘少奇是这样说的：

“那时，我刚从莫斯科回来。在苏联上了抗大式的学校，学了点马克思主义，只学了八个月，就算从西天取经回来，经不多就是了。返回上海，又跑到长沙。那时，毛主席在这里。没有几天，又叫我去指挥粤汉铁路的罢工，粤汉路车已停了。中央来了紧急信，叫我到安源去。没几天就罢工了，罢工之后，李立三被通缉，工人把他藏起来，所有党员都躲起来了，只剩我一个人。人也不认识，什么也不清楚，罢工中有各种问题发生，我有什么办法呢？还不就是听工人的，他们叫我怎么办我就怎么办，就是他们在那里领导我，哪里是我领导他们！当然喽，他们说怎么办就怎么办，我也是经过一番考虑的，有一些我也没采取，有两种意见的、三种意见的，我也综合一下。”

把自己融入到群众中，从不突出自己，这就是刘少奇。

刘少奇在安源经历了三年多的风风雨雨，成长为一名全国著名的工人运动领袖，在工人中享有崇高的威望。1925年春，中央决定调刘少奇到当时的革命中心广州，筹备第二次全国劳动大会。

九、工运领袖

1925年春，刘少奇作为汉冶萍总工会的代表前往广州，参加筹备召开第二次全国劳动大会的工作。

第一次全国劳动大会是中国劳动书记部根据中共第一次全国代表大会精神，为迎接全国工人运动高潮而发起并于1922年5月召开的。“二七”惨案发生后，中国工人运动转入一个低潮时期。为总结第一次全国劳动大会以来工人运动的经验教训，研究新形势下工人运动的方针和策略，迎接和推动工人运动新高潮的到来，1923年底，由当时中国最大的四个工会即全国铁路总工会、汉冶萍总工会、中华海员总工会和广东工人代表会共同发起，筹办第二次全国劳动大会。刘少奇作为富有斗争经验和较高理论水平的工运先驱，以汉冶萍总工会委员长的身份参与大会的筹备工作。

接到上级党组织的通知后，刘少奇夫妇将未满周岁的儿子交给六哥刘云庭带回老家炭子冲抚养，与安源路矿工友们依依惜别，匆匆赶往广州。

在此后的短短两个多月时间里，刘少奇主持起草了《中华全国总工会章程》《工人阶级与政治斗争决议案》《经济斗争决议案》《组织问题决议案》等三十多个大会文件，为第二次全国劳动大会的胜利召开做出了重要贡献。

工运领袖刘少奇

1925年5月1日至9日，第二次全国劳动大会在广州举行。大会总结了三年来工人运动的经验教训，提出了新形势下工人运动的方针和策略。大会通

过了刘少奇主持起草的《中华全国总工会章程》等文件和决议，宣布正式成立中华全国总工会。刘少奇作为大会主席团成员之一，在会上作《关于工人阶级与政治问题议案》的报告。

大会选举林伟民、刘少奇、苏兆征、邓中夏等25人为首届中华全国总工会执行委员，选举林伟民为“全总”执行委员会委员长，而初出茅庐的刘少奇，由于在领导安源大罢工、汉冶萍总工会和筹备全国劳动大会期间成绩卓著，表现出非凡的组织领导才能和扎实的理论功底，被一致推选为副委员长。此时，刘少奇还不到二十七岁。

会后不久，刘少奇受全总的委派，到上海筹建全总上海办事处。

刘少奇于5月下旬匆匆到达上海。不料刚开始工作，中共中央又要他马上赶往青岛。因为青岛四方机车厂4月底爆发了15000多名工人大罢工，已经到了关键时刻，急需有经验的干部前往指导，巩固成果。

刘少奇日夜兼程奔赴青岛，深入到工友中间调查了解情况，召开骨干会议，强调罢工胜利后必须加强工会的组织和思想建设，使工会会员拧成一股绳，随时应付敌人的反扑。他告诫工会领导人说：“统治青岛的日本帝国主义是恶狼，中国军阀是帮凶、走狗，他们是决不会放松对工人的统治与压迫的，大家一定要提高警惕！”

就在刘少奇组织工人严阵以待，准备粉碎帝国主义和封建军阀反扑时，传来上海发生了震惊中外的五卅惨案的消息。

1925年5月15日，日本资本家镇压上海工人罢工，枪杀了上海日商内外棉七厂工人领袖、共产党员顾正红。这是五卅运动的导火线。

5月30日，上海4000多名工人和学生走上街头，为抗议帝国主义屠杀中国工人的暴行举行游行示威。当游行队伍行至老闸捕房前时，遭到英帝国主义军警的镇压，当场打死13人，重伤数10人，造成震惊中外的“五卅惨案”。

五卅惨案发生后，青岛、汉口、九江等地又相继发生帝国主义军队屠杀中国民众的惨案。

五卅惨案发生后，一场大规模的工人反帝斗争已呈现出山雨欲来风满楼之势！中共中央在5月30日晚召开紧急会议，决定立即发动全上海罢工、罢课、罢市，反击帝国主义暴行。中共中央除陈独秀、瞿秋白、蔡和森等亲自领导运动外，为加强对反帝运动的领导，又先后紧急抽调李立三、刘少奇、刘华等加强斗争第一线的指挥。

6月1日，上海总工会在闸北宝山里2号挂牌办公，李立三任委员长，刘华为副委员长。刘少奇于6月初赶到上海后，受命担任上海总工会总务科主任（相当于秘书长），实际负责总工会的日常工作。后来，上海工商学联合会成立，李立三作为总工会代表参加联合会领导工作，上海总工会的具体领导工作由刘少奇承担。

上海总工会成立的当天，就发表了宣言及告全体工友书，声讨帝国主义的暴行，并宣布全市举行总同盟罢工。接着，学生罢课，商人罢市。中国近代历史上前所未有的反帝风暴迅速由上海席卷全国。刘少奇曾经生动地描述上海“三罢”斗争的情景：

“此时，上海工厂无人做工，商店罢市，轮渡不通，车马断绝，交通为之梗阻。此时的上海，真的陷入荒凉恐怖之境况。同时上海学生也一律罢课，即各教会学校也都加入。那时我们到上海马路上一看，只见满街贴的是反帝国主义的标语、口号、图画；处处都有游行的、演讲的、募捐的、演戏的，闹个不休，每个人都忙着反帝国主义的工作。”

正当反帝运动深入发展的时候，资产阶级由动摇走向妥协。上海总商会在帝国主义的压力下，准备提前开市。6月19日，上海总商会宣布，将于6月26日单独提前开市。商会的行为，破坏了各方共同达成的统一反帝斗争协议，上海总工会面临着严峻的考验。

6月20日晚，刘少奇主持召开上海总工会代表大会，讨论对付上海总商会开市的态度和办法。到会的有60多个工会的代表130多人。工人代表们你一言、我一语，发言十分踊跃。刘少奇做了系统发言，他指出：总商会是代表上海买办大资产阶级利益的，它的立场始终站在反对工人一边

的；而马路商界联合会则是代表中小民族资产阶级利益的，它在斗争中往往动摇不定。唯有工人阶级才是这场运动的主力，工人必须与广大学生、农民、中小商人团结一体，组成联合阵线，才能取得斗争的胜利。大会决议：不管商界开市与否，工界决不依赖，要坚持罢工到底。在刘少奇的提议下，会议还做出决议：商界如要开市，必须由总商会每日交付数万元钱给总工会，以救济罢工的工友。迫于上海市总工会的压力，总商会同意了工友们的要求，抽取开市后的一部分款项，作为维持工人罢工的经费。6月25日，上海总工会发出通告，号召工人坚持罢工。“不得总工会命令，不得完满目的，则头可断，工不可上！”

发放罢工救济费是一件琐碎而又极为重要的工作，它关系到工人队伍的稳定问题。为解决工人的生活困难，刘少奇率领总工会工作人员，深入工厂和工友住宅区，将从全国各地争取到的捐款发放到参加罢工的工人手中。

商界开市后，帝国主义和北洋军阀政府开始集中力量镇压工人运动。8月22日下午5时许，上海工团联合会指派工贼、流氓数十人，手持刀枪、铁棒等凶器，冲入上海总工会。他们捣毁办公室，当场打伤职员8人，并图谋抓捕李立三和刘少奇。他们四处寻找，但没有找到。

从8月初开始，形势发生了重大变化。商人先后开市，学生因放暑假纷纷离校，工人只能孤军奋战。为了保存力量，巩固既有成果，中共中央审时度势，决定改变策略，以经济的要求及地方性质的政治要求为最低条件，有领导有组织地复工。

按照党中央的决定，8月10日，上海总工会发表宣言，提出了9项复工条件：（一）无条件交回上海会审公堂；（二）租界内有出版、言论、集会、结社之自由；（三）租界华人须与外国人有同等参政权利；（四）承认工人有自由组织工会之权，并承认工会有代表工人之权利；（五）工人复工，不得因此次罢工开除工人；（六）发给罢工期间工资50%；（七）增加工资15%，工资一律发给大洋；（八）优待工人，改善工人的工作条

件，尤其是必须改善女工、童工工作条件；（九）抚恤运动中死伤的工人和学生。

当时，有些工人对复工想不通。刘少奇便深入工厂，耐心地做说服解释工作。

8 月 29 日，刘少奇出席华商纱厂代表会议。他在会上讲话时指出：华商纱厂快要开工，开工以前，必须对厂主提出一些要求，否则，厂主将会有不利于工人及工会积极分子的举动，但是，所提条件应当能够做得到，与其提出过高的条件不得解决，不如先提较低的条件，以得到胜利。

9 月间，经各厂工会同厂方交涉，复工条件得到部分实现。大多数工厂先后复工。这时，刘少奇又进一步提出了加强工会组织建设的任务。9 月 12 日，他在召集日商工厂代表会议时说：我们这次罢工取得了胜利，现在要进厂做工了；但各工友不要以为有了工会就骄傲起来，因为现在我们的工会还未十分稳固，现在资本家还是想使用种种手段来破坏。所以，我们要对工会加以整顿，努力使工会更加坚固。

9 月 18 日，反动当局出动大批军警，封闭了上海总工会，逮捕工会骨干多人，并下令通缉李立三、刘少奇等上海总工会领导人。一时间，上海滩阴云密布，反动气焰甚嚣尘上。

面对反动派的镇压、迫害，刘少奇毫不畏惧，继续为工人阶级的解放事业英勇战斗。就在反动当局封闭总工会的第二天，他一面向北京政府、广州国民政府及全国各大报刊发出紧急通电，谴责反动派封闭上海总工会的罪行，一面抓紧处理各种善后事宜。面对反动当局的通缉令，刘少奇仍以总工会领导人的名义与上海总商会协商，索取按协议应给工人的救济费。继续召开会议，研究营救被捕人员和工友们的复工问题。他的一言一行，极大地鼓舞着坚持罢工斗争的工友，工友们也采取各种措施保护着自己的领袖。

长期从事繁重而紧张的工作，刘少奇积劳成疾，患上了严重的肺病。但他仍然抱病坚持工作。直到 11 月间，由于病情不断加重，才不得不离开上海，回湖南医治。

对于刘少奇在五卅运动中抱病忘我工作的情况，《上海总工会三日刊》曾有过生动的描绘：

“本会总务科正主任刘少奇在本会未被封以前，早就患重病在身，但因工人利益要紧，宁肯牺牲个人，抱病工作。自本会被封后，因工作过劳，病势严重。而刘少奇不仅不因病辞工，更日夜不休息片刻，检阅各种稿件，亲往工人群众家中接洽各种事件。”

刘少奇回长沙后，于 1925 年 12 月 16 日被军阀赵恒惕逮捕。中华全国总工会及全国各地各界团体纷纷通电救援。这样的通电，有时一天多达 40 多份。全总致电赵恒惕说：刘少奇“历年尽瘁爱国运动，为工人群众所爱戴”。在五卅运动中，他“更废寝忘餐从事奔走，号召国人为救国运动，以全力为罢工工人后盾，爱国热诚，举国同钦”。电报谴责赵恒惕，要求即速释放刘少奇。经多方营救，刘少奇于1926年1月16日获释出狱，但被赵恒惕驱逐出湖南省。

2 月 19 日，刘少奇抵达广州，受到省港工人和各工会团体的热烈欢迎。这时，为响应上海人民反帝斗争而发起的省港大罢工仍在继续。3 月 3 日下午，中华全国总工会举行欢迎刘少奇大会，到会群众有 1500 多人。全总宣传部主任邓中夏在会上做了热情洋溢的演说，介绍了刘少奇为工人阶级英勇奋斗的历史，称赞刘少奇是“我们工人阶级的最奋（发）最勇敢的一位战士”。

接着，刘少奇讲话，对工友及各界的欢迎表示感谢。他着重讲了领导工人运动应当注意的几个问题：第一，帝国主义要来解决省港罢工，一定要与我们工人来订条约；第二，我们要严守秘密；第三，我们要打破帝国主义的阴谋；第四，我们内部应该团结得像铁一样，将来胜利一定是我们的。

刘少奇讲话后，全场掌声雷动，高呼口号：“中华全国总工会万岁！”“省港罢工胜利万岁！”

在这期间，因全总委员长林伟民身患重病，由刘少奇代理全总委员长

职务。他和邓中夏、苏兆征等共同担负起领导省港大罢工的重任。

这时，省港大罢工虽已持续近 10 个月，但广州、香港的工会组织涣散、派系林立、各自为政和行动不统一，直接影响到工人阶级战斗力的发挥。为促成各工会组织的联合，刘少奇做了大量工作。

1926 年 4 月 1 日，他出席广州工人第一次代表大会，在致词中明确指出：你们以后的责任，是应该怎样整理自己的内部，巩固这个战线，延长这个战线，以及于全中国全世界。会后不久，广州各派工会成立了统一的工人代表会，加入的工会组织有 200 多个。

香港原来有 100 多个大小工会，分属于工团总会、华工总会和无所属的三个派系，在刘少奇的具体指导下，正式成立了香港总工会。4 月 9 日，香港总工会代表大会在广州举行。刘少奇在会上强调了组织统一工会的重要性，指出：香港工人甚多，但是没有系统，如果我们不能统一力量，就不能一致地与帝国主义奋斗，就不能战胜敌人，所以，要组织这个统一的总工会。

在建立统一的广州、香港工人联合会的同时，刘少奇还担负着第三次全国劳动大会的筹备任务。他被推为大会的临时主席兼秘书长，主持大会的筹备工作。为了加强工人阶级领导的以工农联盟为基础的反帝反封建联合战线，刘少奇、邓中夏代表全国总工会与广东省农民协会协商，决定第三次全国劳动大会与广东省第二次农民代表大会同时举行，以壮声势。

1926 年 5 月 1 日上午，第三次全国劳动大会和广东省第二次农民代表大会在广州同时举行。出席第三次全国劳动大会的代表共 502 人，代表全国 699 个工会团体和 124 万有组织的工人。刘少奇主持了开幕式，邓中夏致开幕词。中午 12 时，参加会议的代表与全市工、农、商、学各界群众一起参加广州市纪念五一劳动节大会。参加大会的群众有 30 多万人，会场上人山人海，红旗飘扬，盛况空前。刘少奇代表中华全国总工会在大会上发表演讲，号召全国工农民众联合起来，团结起来，打倒帝国主义、军阀买办及反革命派，势将国民革命进行到底。

从第二次全国劳动大会到第三次全国劳动大会，正好是一年时间。5月4日，刘少奇在第三次全国劳动大会上作了题为《一年来中国职工运动的发展》的报告，对1925年到1926年工人运动的斗争实践和经验进行了系统的总结。

刘少奇在报告中指出：一年来，中国职工运动有极大的发展，尤其在五卅运动中，更有长足的进步。工人阶级在国民革命运动中，能领导一切民众向帝国主义与军阀进攻。“在各种奋斗事实中，足以证明工人阶级在国民革命运动中之领导地位，是确凿不移的。”他还指出：中国工人阶级在组织上已有极大的进步与发展，全国工会会员不但在数量上有很大的增加，且能改良他们的组织，比如香港、广东工会的统一运动及上海工人群众在严重压迫之下，尚能有20万工人在秘密组织之内，且能不时地为各种问题而奋斗。“以此即可证明，中国工人阶级之组织已非反动势力所能消灭的了”。他认为：工人在任何时候，都不能离开要求其经济上的利益。经济问题，工人在所必争。经济斗争的发展，即为中国职工运动的发展，因此，“今后职工运动之方针，应加强各种经济争斗”。

最后，大会选举了刘少奇、苏兆征、李立三、邓中夏、林伟民等34人为中华全国总工会执行委员，刘少奇、苏兆征、李立三、邓中夏等8人为常委，苏兆征为中华全国总工会委员长，刘少奇为秘书长。

在领导工人运动的实践中，刘少奇显示出杰出的组织领导才能和很高的理论水平，成为深受工人爱戴的工人运动领袖之一。

十、在革命的危急关头

武汉三镇地处长江腹地，素有“九省通衢”之称。1926 年 10 月 10 日，北伐军攻占武昌后，全国革命的重心由广州转移到武汉。这里革命气势很盛，工人运动十分活跃。在北伐前夕，武汉地区只有 13 个工会，而到 1927 年初，工会就发展到 300 多个，会员达 30 万人。从 1926 年 10 月起的半年时间里，武汉工人举行罢工 300 多次，大多数取得了胜利。为适应形势的需要，从 1926 年 9 月起，大部分中共中央委员相继到达武汉。

10 月 21 日，刘少奇抵达武汉，为中华全国总工会迁址武汉做准备，并兼任全总汉口办事处秘书长、湖北全省总工会秘书长。在总工会领导成员未到齐之前，由刘少奇、朱少连、项英、李立三等组成临时常委会，负责主持日常工作。

在这期间，刘少奇将相当的精力用于加强工会的组织建设和思想建设。早在广州时，他曾在省港罢工委员会开办的劳动学院讲授《中国工会组织法》，通俗、系统地说明工会的组织原理和组织方法，深受学员欢迎。到武汉后，他即应邀到工人运动讲习所讲授《工会组织法》和《工会经济问题》等课程。

1926 年 12 月下旬，刘少奇先后撰写了《工会代表会》《工会经济问题》和《工会基本组织》3 本小册子，交由湖北省总工会宣传部印行，作为工会教育的基本教材，发到各基层工会，对工会会员进行教育。在这些小册子中，刘少奇着重阐明工会的组织原则及其作用，指出：“工会是群众的、奋斗的机关。工会的权力，应该十分集中，才能奋斗；同时又一定要是民主的集中，才能容纳大多数人的意见，不致为少数人所包办，变成专制。”他强调：“工会必须有严密的组织，才能克尽所担负的使命。”所谓“严密的组织”，就是在执行委员会之上，有真正的工人代表会，在执行委

员会之下，有群众中的支部基本组织。他提出，要大家懂得，“支部、小组是工会的基础，工会是建筑在支部、小组之上，支部、小组若不坚固，工会的基础就不坚固，有了好的支部和小组，工会的基础就有了保障”。

1927年1月1日，湖北省总工会在汉口华商总会举行第一次代表大会，刘少奇是大会主席团成员之一。1月3日，刘少奇在会上作组织报告，指出：工人运动的蓬勃发展，要求各级工会给予正确的指导。武汉的工人，大部分已参加工会，但是，各工会的组织，还没有在群众中建立的基础。因此，武汉各工会及总工会目前最重要的工作，是如何使工会在群众中建立稳固的基础。就在会议进行过程中，突然，几个工人急急忙忙跑进会场，气喘吁吁地对刘少奇说：

“少奇同志，快，不好了！出大事了！”

“怎么回事？”刘少奇站起身来警觉地问。

几位工人答道：“英国水兵打伤了好多中国人。”

“这帮帝国主义强盗！”刘少奇把棉大衣往桌上一甩，手一挥，愤怒地说：“走！我们到现场去。”说着，大步向出事地点奔去。

原来，从1927年元旦起，连续三天，武汉各界为庆祝北伐战争的胜利进行和国民政府迁都武汉举行各种活动。1月3日下午3时，中央军事政治学校武汉分校的宣传队在汉口英租界附近的江汉关前面的广场上讲演，宣传废除不平等条约，收回租界。

这时，全副武装的英国水兵从租界冲出来，当场打死码头工人李大生，打伤群众30多人，制造了“一三”惨案。

刘少奇赶到现场后，望着地上的血迹，怒不可遏地说：“这笔血债，我们一定要他们偿还！”他一面调查了解事件真相，并组织救护受伤的群众；一面指挥工人群众开展了更大规模的抗议活动。他向工人纠察队员招手说：“跟我来！我们去向英国当局提出抗议！”在他的指挥下，工人纠察队员和愤怒的群众冲进租界的巡捕房，表示了强烈的抗议。傍晚，以更大的规模进行灯火游行，英租界处在数十万工人和各界群众的包围之中。武

汉三镇，成为抗议英帝国主义分子罪恶行径的海洋。

夜深了，位于汉口友益街16号三层楼上仍灯火通明。刘少奇和李立三正主持召开全总汉口办事处和湖北省总工会联席会议，研究对策。刘少奇在会上报告了“一三”惨案有关情况，并就如何领导群众斗争发表了意见。会议决定，以湖北省总工会第一次代表大会的名义发表《为反对英水兵惨杀同胞通电》。《通电》指出：为争得生存，为要求自由，本代表大会誓死领导我全省有组织之三十万工人，与英帝国主义奋斗到底！兹经全体一致决议，提出下列条件：

（一）请政府自动收回英租界；（二）在英租界未收回之前，要求英租界当局立即撤销电网、沙包及各军事上之准备，并绝对不得在租界内干涉言论、出版、集会游行、讲演等自由；（三）要求立即撤退在华军舰，以后租界内永远不得有外国武装军警驻扎，由中国政府派警驻扎租界；（四）要求赔偿死伤损失；（五）要求英政府向我政府道歉，并担保以后不得有此等事件发生；（六）要求凶手即移送我政府惩办。

汉口的英国租界，是1861年英国强迫清政府签订《中英天津条约》时设立的，面积计有115英亩。它濒临长江，南起歆生路（今江汉路），北至界限路（今合作路）对面的大智路一带，四周筑有一道砖墙，各界路口装有铁栅和铁门，不许中国人进入。

1月4日上午，李立三、刘少奇代表中华全国总工会和湖北省总工会，前往国民政府商谈，要求政府立即与英方交涉，通过外交途径收回英租界。

中午，刘少奇出席武汉农工商学各界联席会议。会议决定以湖北省总工会第一次代表大会的6项条件为基础，补充为8项，要求国民政府向英国领事交涉，限其在72小时内答复。

1月5日下午，武汉三镇30万市民从四面八方向汉口济生三马路空坪汇集，举行追悼“一三”惨案死难同胞暨反英示威大会。刘少奇站在队伍前列，和各界群众一起愤怒声讨英帝国主义者的罪行。大会向全国各团体发出《通电》，要求英国租界当局圆满答复武汉各界联席会议提出的8项条件。会后，举行了声势浩大的示威游行。游行队伍像波涛汹涌的扬子江水，向英租界行进。刘少奇带领工人纠察队走在游行队伍的最前列，他们拆除电网和沙包墙，推翻英国军警的岗楼。示威的人流冲入租界，冲向巡捕房和工部局办公大楼。面对中国人民的正义行动，租界内的英国官员们被吓破了胆，一个个面如死灰，仓惶逃往停泊在江中的英国军舰。工人纠察队员爬上房顶，扯下英国的“米”字旗，升起了武汉国民政府的旗帜。

当晚9时，国民党湖北省党部、汉口特别市党部在普海春大酒店举行招待会，招待全省工人代表大会代表。到会的工人代表有400多人。刘少奇在招待会上发表演说。他讲道：

“我们的立脚点是什么？就是解除一切束缚，完成革命。现在虽然解除了一部分的束缚，但是还有帝国主义者及未打倒的军阀，仍然向我们进攻，我们还是准备我们的头颅、我们的血，往前奋斗。”

这时，国民政府表面支持群众，又担心帝国主义直接武力干涉，密令工会不要激化民情。我党中央一些领导人受陈独秀投降主义影响，再三劝阻甚至严厉批评刘少奇，要求工会避免与英帝直接对抗。可当时各界民众义愤难挡，刘少奇一方面努力组织有序的斗争，避免过激行动；另一方面向中央提出，应积极引导大众，不能在革命高潮时退缩逃跑。

2月19日，在各方面的压力下，英国终于被迫签字，将武汉租界交还中国。在中国百年反帝斗争中，第一次收回被列强强占的土地和权利，取得空前伟大的胜利。

收回英租界，极大地震动了全国，中国人出了一口气，同时，许多中共领导人和群众也被巨大的惊喜和出乎意料的胜利冲昏头脑，认为只要民众发动起来，工人武装起来，就可夺取任何胜利。从而助长了极“左”的倾向，发生了不少不适宜的过火行动。刘少奇反复提出警告，切忌盲目和自大。

4月3日下午，日本水兵在汉口乘坐人力车不给车钱，并行凶杀死前

来干涉的中国工人。附近群众闻讯赶来，同日本水兵搏斗，当场捉住几名肇事者。日本租界当局调动大批水兵，对中国民众开枪射击，打死4人，伤40多人。造成“四三”惨案。

4月4日下午3时，武汉各团体举行紧急联席会议。刘少奇代表中华全国总工会在会上报告了“四三”惨案的情况。晚上7时，全国总工会又召开武汉各工会代表紧急会议，到会代表有六七百人。刘少奇报告了武汉各团体联席会议的情况。会议通过决议，要求工人阶级即时与各界革命民众一致起来，反对日本帝国主义侵略者对中国同胞的残杀，取消中日间的一切不平等条约。4月9日，刘少奇在全总召集的代表大会上作报告，号召工人群众反对日本帝国主义的屠杀，反对妥协。在刘少奇等人的领导下，反对日本帝国主义屠杀行为的斗争很快开展起来，沉重地打击了日本帝国主义的气焰。

随着革命形势的发展，革命阵营内部原来存在的矛盾日益尖锐地表露出来。当时，已就任国民革命军总司令的蒋介石，加紧进行反共反人民的活动。

1927年3月6日，蒋介石唆使国民革命军暂编第一师党代表兼政治部主任倪弼，杀害了江西赣州总工会委员长、共产党员陈赞贤。这是蒋介石公开反共的一个重要信号。

陈赞贤，江西南康人，1925年加入中国共产党。同年底，因领导当地人民反抗军阀拉夫的斗争，遭逮捕，后去广东南雄开展工农运动。1926年7月，他到广州中华全国总工会找刘少奇谈话。他说：“现在国民政府进行北伐，而江西的工人，没有很好地组织起来。请全国总工会派我回江西去，先到赣州去秘密组织。将来一方面在战争上，可以帮助国民革命军，另一方面在公开后，开展工人运动就有了基础。”

刘少奇对陈赞贤主动请求去江西做秘密工作的胆识很是佩服，经中华全国总工会同意，委任他为中华全国总工会特派员，回江西开展工人运动。

陈赞贤到江西数月，就组织了数万工人，领导他们开展经济斗争，他被选为赣州总工会委员长、江西省总工会副委员长。

得知陈赞贤被杀害的消息后，刘少奇于1927年3月17日发表了《论陈赞贤同志在赣被害事》一文，揭露蒋介石镇压工人行动的罪行。文章指出："江西这事件的发生，是摧残革命，是革命战线内反革命的开始，大家应一致起来奋斗，督促政府及党部肃清一切反动派，并竭力援助江西的革命民众，务必到达国民革命之完全成功。"

事情的发展，果然不出刘少奇的预料，蒋介石从赣州开始，一路走，一路杀，从南昌、九江、安庆、南京，一直杀奔到上海。1927年4月12日，蒋介石在上海发动反革命政变，收缴工人纠察队的武器，捕杀工人和共产党员。上海滩顿时成了恐怖世界。

蒋介石的血腥暴行很快传到武汉，各界群众掀起了声势浩大的讨蒋运动。4月16日，湖北省总工会发出讨蒋通电，列举了蒋介石的六大罪状，号召"全湖北工人阶级应当尽其力量，与革命同志一致行动，向敌进攻……以求打倒蒋介石"。这个通电，表明了湖北工人群众的严正立场和革命决心。

这是一个严峻的历史时刻。4月上旬，中共中央领导机关从上海迁到武汉。4月27日至5月9日，中共第五次全国代表大会在武汉举行，大会的中心议题是确定党在紧急时期的任务。这次大会虽然强调了争取无产阶级领导权、建立革命民主政权和实行土地革命的重要性，但是对于无产阶级如何争取革命领导权，如何领导农民实行土地革命，如何对待武汉政府和武汉国民党，特别是如何建立党领导的革命武装等问题，都未能根据当时的危急局势提出有效的具体措施。

刘少奇出席了这次大会，并当选为中央委员。

会后，刘少奇被任命为中共中央职工运动委员会委员，继续领导工人群众同国民党右派进行针锋相对的斗争。

4月18日，蒋介石在南京建立了反革命的"国民政府"，同武汉国民

政府相对立。这时，武汉地区接二连三地发生反革命叛乱事件。5月17日，驻在宜昌的武汉国民革命军独立第十四师师长夏斗寅叛变，进攻武汉。5月21日，反动军官许克祥在长沙发动“马日事变”，袭击湖南省总工会和农民协会，解除工农革命武装，捕杀共产党人和革命群众。这是以汪精卫为首的武汉国民党右派即将同蒋介石公开合流的信号。

面对革命形势的急转直下，5月下旬，中共中央政治局连续召开常委会议，讨论马日事变后的政治局势及对付反革命叛乱的方针。刘少奇列席了会议，并在实际工作中贯彻执行了中共中央的一系列指示。

刘少奇深知建立工人武装的重要性。早在1926年10月湖北省总工会成立的时候，就组织了工人武装纠察队。到1927年5月，武装工人纠察队队员已发展到5000多人，拥有约3000支枪。在武汉三镇，到处都可以看到工人纠察队员。他们身穿蓝卡布中山装，佩戴着红布上缝有“工纠”二字的臂章，帽子上面安着红帽花，腿缠绑带，俨然是军人打扮，显得威武雄壮。省总工会纠察委员会还专门制订培育计划，举办训练班，邀请刘少奇、邓中夏等去讲课，对队员进行军事、政治训练。

夏斗寅叛变后，工人纠察队担负起卫戍武汉三镇、镇压反革命破坏活动的任务。5月19日，湖北省总工会发出第198号通告，要求各工会负责人领导全体工友“共同努力，以镇压一切反革命势力”，号召工人武装纠察队“正式荷枪弹”，讨伐夏斗寅的叛乱。在刘少奇的领导下，工人武装纠察队配合叶挺部，击败了叛军，保卫了武汉的安全。

6月14日，刘少奇在湖北省总工会代表大会上作政治报告，指出：对于蒋介石的叛变和夏斗寅、许克祥的行为，应一致反对。他号召大家立即行动起来，“削平湖南叛乱”。大会通过了《武汉工人目前主张》决议案，提出明令拿办许克祥、解散一切反革命机关、保障工农组织的绝对自由、严惩一切摧残工农运动的反革命分子等8项主张。6月19日，第四次全国劳动大会在汉口中央人民俱乐部举行。刘少奇在会上作了《全国总工会会务报告》。大会号召工人阶级同农民、小资产阶级结成坚强的同盟，坚决反对蒋介石的政变，并继续深入开展革命斗争。

鉴于武汉国民政府日渐右转、实行宁汉合流的反革命企图日益暴露，中共中央决定紧急疏散聚集在武汉的干部。凡是能秘密返回本省工作的，原则上都回本省工作；适宜到其他地方工作的，分配到其他地方去；还有一批干部准备送去苏联学习。

刘少奇和湖北省总工会根据中央的这一精神，将公开活动的党员干部做了妥善安排，没有公开暴露的继续隐蔽下去，身份公开的实行转移，其中的一部分派往贺龙、叶挺部队。同时，又新调进一批干部来坚持工作。采取这些应变措施，为的是使党组织避免遭受不必要的损失。

6 月 28 日，陈独秀在汉口西门子鲍罗廷住宅召开了紧急会议，讨论如何应对即将发生的事变。会议决定：为了消除何键制造事端的借口，公开宣布解散武汉工人纠察队，交出枪支、梭镖和棍棒。中共中央把这个决定交给湖北省总工会执行。

对于中央作出解散工人纠察队和交出武器的决定，刘少奇等虽不情愿，但还是执行了。总工会经过商议，决定在执行的过程中，要尽最大的努力尽可能地减少损失，除将工人纠察队中公开活动的共产党员转移外，将一些破旧的枪支和梭镖集中起来交给武汉国民政府，以应付差事。当天，湖北省总工会发出《解散纠察队的布告》。随后，将一些破旧枪支送交武汉卫戍司令部汉口办事处，而把绝大部分枪支和纠察队员陆续转移到贺龙、叶挺的部队里。

十一、长沙被捕

1925年5月，在广州召开的第二次全国劳动大会，宣告成立中华全国总工会，刘少奇当选为执行委员会副委员长。随即，“全总”在上海建立了办事处，由刘少奇负责办事处的日常工作。不久，上海爆发反帝的五卅运动。帝国主义势力对工人展开血腥镇压。五卅运动期间，刘少奇临危不惧，组织和领导工人们坚持抵抗。但由于操劳过度，他患上肺结核，被迫回长沙治病。

1925年11月上旬，刘少奇由夫人何宝珍陪同从上海返回湖南，居住在长沙文化书社。这里距湘雅医院不远，看病很方便。该书社是毛泽东等人于1920年7月创办的，主要经营进步书刊。开始是作为团结有志青年，探索救国方略的场所，中国共产党成立后，这里又成为早期共产党人进行秘密联络的地点。此时，书社的经理是中共湖南省委负责人之一的易礼容，因有事去了广州，书店的业务由女会计许文煊负责。经过一个多月的治疗与休养，刘少奇的病情大为好转，准备返回上海继续工作。

12月16日下午，长沙下起了细雨还夹杂着雪花。突然，文化书社的店门被猛地推开了，闯进了几个便衣“顾客”，蛮横地径直向后楼走去。就在这时，我党一位长期以这个书店为依托秘密从事地下工作的许文煊知道发生变故，大声向这几位不速之客喊道：“先生，我是这里的会计，你们有事找我吗？”

刘少奇听到外面有喊声，知道情况紧急，急忙下楼转移，可是，敌人已经控制了楼梯。这几个人未出示任何证件，就把刘少奇抓走，押到长沙戒严司令部，关进了长沙盐运街盐道衙门监狱。

刘少奇被捕系由湖南省省长、反动军阀赵恒惕一手策划。原来，湖南军阀赵恒惕接到刘少奇回到长沙的密报后，十分惊恐。安源路矿大罢工的成功

举行及影响力，使刘少奇早已声名远扬，五卅运动期间，刘少奇杰出的组织领导才能更是让反动派心有余悸。赵恒惕十分担心这位工人运动领袖回到湖南后会再次组织工农运动和学潮，便派出密探四处侦查，终于查清了刘少奇的行踪和落脚点。于是，赵恒惕派出爪牙来到文化书社，抓捕刘少奇。

刘少奇被捕的第二天，长沙的《大公报》顶住压力报道说："上海总工会总务部主任刘少奇，近患肺痨，日前偕其妻室回湘养病……突来稽查二人、徒手兵一名，扭往戒严司令部。至其被捕原因，尚不得知。闻刘系宁乡人，曾肄业于长沙明德学校，近年居沪，为各项群众运动中之领袖云。"新闻媒体的曝光，使得赵恒惕不敢贸然下令杀害刘少奇，为营救工作争取了时间。

刘少奇被捕的消息传出后，各界纷纷要求赵恒惕立即释放刘少奇。在湖南省共产党组织的领导下，湖南省工团联合会、学生联合会发出营救的呼吁；中华全国总工会、全国各界地方工会、全国各地的农民协会，以及各界进步人士，纷纷向长沙发电报，谴责赵恒惕。中共湖南省委又指派何叔衡、萧述凡、姜梦周、谢觉哉等同志利用在湖南的各种关系做赵恒惕的工作。

此时正处在第一次国共合作时期，国民党要员汪精卫、谭延闿等，也分别致电赵恒惕，对此事表示关注。正在广州召开的国民党"二全大会"临时增加议题，通过了发给赵恒惕的电文。身为代理宣传部部长的毛泽东，亲自起草电文，呼吁各界努力营救刘少奇。电文部分内容如下：

长沙赵炎午（赵恒惕——编者注）先生大鉴：据报载全国总工会副委员长、上海总工会总务主任刘少奇因回湘养病，突被先生饬戒严司令部捕去。查刘同志尽瘁国事，服务农工，五卅运动勤劳卓著，正民众拥护之人。先生何遽加逮捕？兹经本大会一致议决，电请台端释放。特此电达，即希察照，并盼电复。

与此同时，刘少奇的六哥刘云庭拜访了当时的湖南省禁烟局长洪赓扬和湖南省政府会计杨剑雄，请他们出面帮助营救。他首先拜访了当时担任湖南省禁烟局局长的同乡洪赓扬，请他出面帮助营救。洪赓扬虽然此时受

到湖南统治者的重用，但他曾留过学，受进步思想的影响。他没有忘记与刘少奇少年时同窗共读的同学情谊，答应帮忙。他说："刘少奇既是我的同乡同学，也是我的兄弟，他为人很好，学问也很好，我一定要保他出来。"杨剑雄是赵恒惕的外甥，也是刘少奇的同乡同学。得知刘少奇被捕的消息后，也当即表示愿意帮忙。

随后，洪赓扬一方面派人到监狱打点关照，以免刘少奇在里面受苦；一方面立即派人送信给赵恒惕的亲信和重要军事首领叶开鑫、贺耀祖等人，请他们出面参加保释。

叶、贺都是宁乡人。叶开鑫曾参加过辛亥革命，在护国讨袁和护法战争中都立有战功。赵恒惕在湖南得势后，叶开鑫便成为赵恒惕手下最受器重的一个师长。贺耀祖曾留学日本，参加过辛亥革命和护法战争，当时也在赵恒惕手下任师长。由他们出面保释，能起到重要作用。

为了得到叶开鑫对保释刘少奇的支持，洪赓扬特意打制了一席白银餐酒具，派人送到叶氏家中，又派人日夜兼程回到宁乡洪家大屋老家，取了一幅乾隆御笔字画送给叶开鑫。随后，由刘云庭和洪赓扬共同出面，分别在长沙天乐居和怡园酒家设宴招待省内参加营救刘少奇的军政界要人，叶、贺两人也出席了宴会。他们看到共产党的势力日益壮大，工农革命汹涌澎湃，不能不对时局发展有所考虑。所以，他们在中国共产党组织的策动和洪赓扬、刘云庭等人的疏通关系后，对营救刘少奇这件事采取了积极配合的态度。酒宴后，以叶、贺为首，在向赵恒惕递交的保释书上一一签名盖章。

赵恒惕原来逮捕刘少奇，意在压制工人运动，没料到抓了一个刘少奇，使自己陷入内外受责、四面挨骂的境地。各地发往湖南省政府的抗议、质问和谴责电报一天竟达40余份，令他焦头烂额。不但共产党、工会组织和各民众团体进行谴责、抗议，国民党上层人物出面干涉，就连自己统治下的湖南上层社会中的各类人物也出面说情。此次抓捕行动，无异于引火烧身，使自己成了国人的众矢之的。

此时的赵恒惕，进退两难，骑虎难下，处境十分尴尬。他没想到，逮捕刘少奇会惹来这么大的麻烦。而这份担保书，正好给了他一个台阶。

新中国成立后，杨剑雄曾回忆说："准我进入时，赵正在批阅公文。赵问了我一声，有甚么事。我即将保禀递交说，叶师长、贺师长等要保刘少奇。赵将保禀看了一下，即置案旁，一面批阅文件，一面说道：'这是要宰的人，你也来保。'我呆立了好久，一身发抖，汗湿襟背，不敢动……'叶竞秋（叶开鑫）会负责保他吗？'我答：'他们都能负责，如果省长不相信，可打电话问他们。'赵即叫马弁摇电话与叶……赵接了电话，只听得问了一句'刘某你能负责吗？'后应了几声，就挂了听筒。赵回到座位上，想了一阵，对我说：'你能负责？'我答：'能负责，看省长如何吩咐我就如何做。'赵说：'你要他迅急离开湖南，不要在这里乱搞，要庶务股去买一册四书五经送给他，好好去读。'我答：'这些事我都能负责办到。'赵即将保禀上批'交保开释'四字。"

被关了 42 天的刘少奇出狱后，立即到上海中共中央报到。当时，中华全国总工会执行委员会委员长林伟民病重，不能坚持工作，中共中央和全国总工会便决定让刘少奇到广州筹备第三次全国劳动大会，并参与领导省港大罢工的巩固工作，同时直接领导湖南、湖北、江西、安徽、河南、四川等省的工人运动。

十二、改造与整顿顺直问题

建党初期和大革命时期，以李大钊为书记的中共北方区委，领导着包括河北、山西、北平、天津、察哈尔、绥远、热河、河南北部等广大地区的党的活动。但是，自 1927 年 4 月，李大钊等遭奉系军阀张作霖逮捕和杀害后，北方党组织失去领导中枢，工作陷于半停顿状态。为解决北方党的领导问题，1927 年 5 月 19 日，中共中央政治局常委会决定建立顺直省委（历史上称北京为顺天府，河北称直隶省，故在 20 世纪初，人们习惯将北京与河北合称为顺直），由中央委员彭述之担任省委书记，领导恢复北方党的工作。

然而，彭述之到职后，在政治上坚持右倾错误，放弃对群众运动的领导，在组织上实行家长制，使党内民主生活极不正常，在工作上严重脱离群众，广大党员对此极为不满。其结果是，造成严重的派别纠纷，领导层内部互相猜疑，互相攻击，党内思想更加混乱。一些在革命高潮时入党又没有经过教育和训练的新党员，存在严重的小资产阶级意识，有的党员怀疑党的策略转变，对党的政策采取自由主义态度；有的不顾党的民主集中制，搞极端民主化；有的不愿意过艰苦斗争生活，以雇佣观点对待工作；有的在大革命失败后，感到前途困难重重，就悲观失望，消极怠工，等等。“顺直问题”由此产生且愈演愈烈。

八七会议后，中共临时中央政治局决定成立以政治局委员王荷波为书记的中共中央北方局，负责解决顺直省委纠纷问题。在北方局的领导下，改组顺直省委，撤换彭述之的省委书记职务（仍留省委工作），由朱锦堂任书记。但接着发生了两件大事，影响到党在北方的工作：一是新的省委盲目发动“顺直大暴动”，导致两位省委常委牺牲，革命力量遭受严重损失；二是由于叛徒告密，北方局遭到破坏，王荷波等被捕牺牲。于是，顺

直党的工作又陷入停顿。

1927年11月中旬，中共中央决定撤销北方局，顺直省委受中央直接领导，并派蔡和森任中央北方巡视员，指导顺直省委工作。1928年1月27日，蔡和森主持对顺直省委进行“第二次改组”，推举工人出身的王藻文为书记，并将彭述之清理出省委。这次改组，由于缺乏正确的政治指导，问题不但未能解决，反而使顺直党组织更加混乱和分裂。一些地方党组织负责人以本地区未派代表出席省委改组会议为由，竟认为改组后的省委“不合法”，并在正定自行组织“第二省委”。彭述之也跑到上海向党中央告蔡和森的状，蔡和森即派人到中央辩解。此时的党中央，一会儿听彭述之的，说“一月改组”不当；一会儿又听蔡和森的，说改组是正当的。这就使顺直党组织无所适从，思想陷于混乱，组织处于瘫痪，工作难以开展。

为解决顺直问题和更好地推动北方地区的工人运动，1928年3月，党中央决定派刘少奇以中华全国总工会特派员的身份，到全国铁路总工会和天津、唐山总工会承担领导工作。同时，中央还决定，命刘少奇以中央委员的身份指导中共顺直省委的工作。希望他能够有效地整顿顺直省委，使这一领导机构更好地发挥作用。与此同时，中央还派遣陈潭秋巡视北方党的工作。

刘少奇到达天津后，参加中共顺直省委常委会，对顺直党组织内存在的一些错误观念进行了批评。当时，顺直党内一些同志对顺直省委能否维持下去产生怀疑，认为中央给顺直党的经费太少。省委某些负责人认为中央不想承认顺直省委，便攻击中央存在一个“机会主义派别”。针对这些问题，刘少奇明确告诉省委的同志，中央的经费也很困难，拿不出更多的钱来。刘少奇指出，虽然中央制定的政策存在一定的问题，但还不能因此就说中央存在着机会主义派别。至于维持顺直省委，他明确地说：这不成问题，自然要竭力维持。会后，中共顺直省委书记王藻文又召集天津活动分子会议，继续煽动与会同志反对中央。刘少奇即派全国铁路总工会负责

人张昆弟去找王藻文谈话，并在随后的一次省委常委会上批评了王藻文的错误做法。

1928年5月4日，刘少奇与蔡和森就顺直省委存在的问题和工作状况交换了意见，认为顺直省的党组织有了相当的基础，但省委本身缺乏组织领导力量。主张立即改组顺直省委，省委只保留3人，其余同志分散到各地去开展工作。

5月15日，中央临时政治局常委会研究顺直省的工作，在听取蔡和森关于顺直党的组织和工作情况的汇报后，决定由刘少奇担任顺直省委常委，以加强顺直党的领导。

经过几个月的工作和调查，刘少奇基本弄清了顺直省委存在的问题。6月底，党中央根据蔡和森的汇报和陈潭秋巡视顺直工作后提出的意见，决定成立“中央处理顺直问题特派员机构”，指定陈潭秋、刘少奇和韩连会为特派员（代号谭少连），代行顺直省委职权。

7月22日，刘少奇与陈潭秋、韩连会一起主持召开中共顺直省委扩大会议。会议传达了中央的指示，决定再次改组顺直省委，由韩连会任省委书记，傅茂公（彭真）等七人为省委常委，刘少奇、陈潭秋以中央特别处理顺直问题专员的名义常住顺直省委，以加强对顺直省委的领导。不久，刘少奇代表顺直省委到上海向中共中央报告省委扩大会议情况。中央充分肯定扩大会议的精神是正确的，扩大会议通过的决议与中共六大的精神是一致的。

9月10日，刘少奇列席中共中央政治局常委会议，在会上系统地汇报了顺直省委的工作，指出，顺直党的工作存在不少问题，主要表现在：省委缺乏一条正确的政治路线；对机会主义认识不清，把个人互相攻击也称之为机会主义；发展了极端民主化；经费支配不得当，不少同志闹经济主义；省委组织不健全，基层组织也很少开展工作。

然而，唐山、乐亭、玉田、遵化等地的某些负责人认为，7月召开的顺直省委扩大会议改组省委是“不合组织的”，因而不承认新的顺直省

委。他们派代表到天津请愿，要求向中央报告省委存在的问题。他们还自行推选代表，组织了赴中央控告顺直省委的“京东护党请愿团”。顺直党的组织出现了分裂。

有鉴于此，10 月 28 日，刘少奇与韩连会、陈潭秋共同签发通告，宣布停止顺直省委的职权，并停止京东各县党组织的活动。通告指出：顺直党完全为小资产阶级意识所支配，历史上遗留下来的机会主义遗毒仍在党内继续存在发展，省委能力非常薄弱，毫无工作表现，下级基础又幼稚不健全，中级干部很少有正确的布尔什维克观念。京东唐山、乐亭、玉田、遵化所组织的“京东护党请愿团”，并没有积极地站在组织上政策上提出建议帮助省委，而是消极地在个人的小问题上反对、攻击省委，这显然有分裂党的倾向。因此，“我们共同决定一方面停止省委职权，停止京东各县的活动；一方面请求中央组织特别委员会处理顺直工作及一切问题。除京东以外，各级党部在省委停止职权后、特委未成立以前，由我们三人直接指导管理。”

刘少奇、陈潭秋、韩连会还致信中共唐山市委书记、“京东护党请愿团”的主要负责人傅蔚如，指出京东同志反对省委的出发点是错误的，只是消极地在个人的小问题上反对省委，没有积极地全盘地在党的政策上和组织上提出建议，存在着极端民主化、闹个人纠纷等倾向。“这是党内小资产阶级意识的充分表现。”

为了统一思想，提高认识，在刘少奇的指导下，顺直省委编辑了自己的党内刊物《出路》。他在为《出路》写出版序言时，指出顺直党内存在的严重问题，解决这些问题的出路在于，以无产阶级意识去战胜种种非无产阶级的意识。“现在一切纠纷都要马上迎刃而解，决定新的政治路线，建设党的真正布尔什维克化的基础。因此，凡关于改造党的意见，集合起来编成这本《出路》，以便同志们研究和讨论。”

在领导顺直省委繁忙的工作中，刘少奇还亲自为《出路》撰写了《客观环境很好，但是党没有出路》《怎样改造顺直党？》等文章，依据

马克思主义的基本理论，结合北方地区党的工作和工人运动的实际，并针对顺直省委存在的思想和组织问题，进行分析批评。刘少奇探讨的问题实际上涉及党在白区工作的各个方面。这些问题的提出和探索，不仅对改造顺直省委具有重要的指导作用，而且对整个中共白区工作具有重要的指导意义。

经过刘少奇、陈潭秋、韩连会等人的艰苦努力，除极少数党员干部的思想观念一时没有彻底转变外，绝大多数党员干部的思想认识趋向一致，改造与整顿顺直省委的工作已大见成效。为彻底解决顺直问题，计划于12月下旬再次召开顺直省委扩大会议。为筹备召开这次会议，刘少奇、陈潭秋、韩连会等几位顺直省委的主要负责人分别深入华北地区的基层组织中，了解情况，听取意见。整个会议的组织工作由刘少奇负责。

会议召开之前，为解决遗留问题，确保会议顺利举行，12月11日，中共中央政治局常委周恩来从上海秘密到达天津，对会议进行指导。

周恩来不顾旅途疲劳，一到就立即投入了紧张的工作。当晚听取了陈潭秋、韩连会、张昆弟等省委领导人的工作汇报。12月13日，刘少奇主持召开中共顺直省委常委会议。周恩来在会上传达了中共中央关于解决顺直问题的意见。会议接受了中央的意见，通过了恢复顺直省委职权，改组常委的议案，并决定召开顺直省委扩大会议。从14日开始，周恩来又连续参加和召开了一系列基层党组织的会议，听取中下层干部的意见。16日，周恩来又亲赴唐山做“京东护党请愿团”的工作。这是顺直党内矛盾的难点。他到唐山后，同“京东护党请愿团”的每个成员都进行了亲切和诚恳的谈话，耐心听取他们对顺直省委工作的意见，肯定他们正确的方面，支持他们对省委工作的批评，同时指出他们在组织上的错误。经过深入细致的思想工作，他们全都解开了思想疙瘩，心悦诚服地接受了批评，并表示赞同改组省委和支持省委的工作。

1928年12月底，顺直省委扩大会议召开。会议由刘少奇、陈潭秋轮流主持，周恩来首先传达了中共第六次全国代表大会的精神，并根据六大

决议精神，分析了全国政治形势，阐明中国的社会性质和党的基本任务。陈潭秋、刘少奇也分别作了报告。会议通过了《顺直党的政治任务决议案》和《顺直党务问题决议案》等。会议决定恢复顺直省委职权，并改组了省委领导班子。改组后新的常委由韩连会、陈潭秋、张金刃、郝清玉、王德振等5人组成。

1929年1月15日，中共中央政治局会议听取周恩来作关于巡视顺直经过和顺直省委扩大会议的情况的报告。会议在批准顺直省委常委名单的同时，决定调刘少奇回上海工作。至此，历经数年的顺直省委问题基本得到解决。

十三、奉天遇险

满洲，是中国东北辽宁、吉林和黑龙江省的旧称。20世纪20年代末，满洲处于奉系军阀和日本帝国主义的统治之下，人民生活在水深火热之中。特别是国民党右派背叛革命后，反动军阀更是助纣为虐，大肆逮捕共产党人和革命群众，镇压革命运动。在白色恐怖之下，中共党组织屡遭破坏，东北地区的革命运动处于危难之中。

中共六大后，为了加强对东北地区党的领导，推动这一地区革命运动的开展，中共中央于1929年4月派谢觉哉同志前往那里，对该地区党的工作进行为期三个月的巡视和调查。返回上海后，谢觉哉向中共中央汇报那里的情况，认为“满洲党需要一个有本事的领导者，首先做点斩除荆棘的垦荒工作”。随后，中央又收到中共满洲省委的报告，要求中央“选择有领导能力的人才”到东北工作。经过慎重研究，中央政治局决定，派富有白区工作斗争经验的刘少奇到东北去，领导中共满洲省委，有效地开展工作。

1929年7月14日晚，一列黑色客车缓缓驶入奉天（今沈阳）火车站。这时，大街上警车横冲直撞，岗哨林立，特务和密探到处捕人，白色恐怖笼罩着全城。只见一对衣着整齐的青年夫妇夹杂在熙熙攘攘的人群中，走在左边的男士，身材修长，瓜子脸形，棱角分明，两只眼睛炯炯有神。走在右边的女士，头戴一顶白色小帽，一副大家闺秀的穿着。他们匆匆走出车站，雇了一辆人力车，到了一家旅馆。

这对年轻夫妇，便是刚从上海抵达奉天的新任中共满洲省委书记刘少奇（化名赵子琪）和夫人何宝珍。

20世纪20年代末的东北，处在帝国主义和封建军阀的双重统治之下，广大劳动人民备受煎熬，苦不堪言。奉天的街头，到处是衣衫褴褛的贫民，他们无家可归，露宿街头。萧条的街市上，商店关门停业，家家封门闭户，马路上不时传来呼啸的警车声和军警的马蹄声。目睹眼前的一切，刘少奇心情十分沉重，也倍感肩上责任的重大。

三天后，刘少奇与中共满洲省委接上了关系，移住到南满铁路南侧的工业区惠字78号，对外以海军司令部某副官的身份开展活动。作为一个富有经验的领导者，刘少奇上任伊始，马上开始了解各方面的情况，以便制定有针对性的策略。他十分关心基层党组织的情况。8月20日，刘少奇主持召开省委会议。在分析东北的局势时，刘少奇强调注意研究张学良的政治态度，研究统治阶级内部矛盾和薄弱环节，充分掌握东北地区的特点和群众情绪，做到因势利导。会上制订近期工作计划，并对省委常委做了分工。

会后，根据奉天地区工厂较多、工人比较集中的特点，刘少奇决定首先发动这里的工人开展罢工斗争。

此时，奉天纱厂的工人正在酝酿罢工。原来，由于张作霖被炸身亡后，奉系军阀势力被削弱，奉天纸币不断贬值。时值夏末，秋粮还没有上市，粮价飞涨，工人们的生活非常困难。当时负责奉天市工作的满洲省委常委孟坚与纱厂党支部领导和工人积极分子研究后，决心举行罢工，通过斗争改善工人的生活状况。罢工的准备工作正秘密地进行着。

听完孟坚关于组织纱厂工人罢工的工作汇报后，刘少奇向他提出了几个问题：纱厂工人队伍的情况怎样？工人的斗争情绪如何？罢工的条件是否具备？发动罢工的方法和具体步骤是什么？刘少奇问得十分详细，涉及罢工的各个环节及可能出现的大小问题。

对于刘少奇提出的这些问题，孟坚有的初步设想过，有的甚至连想都没有想过，一时难以回答。见此情景，刘少奇并没有责怪的意思，他问孟坚："你过去搞过罢工没有？"孟坚摇摇头答道："没有搞过。"刘少奇若有所悟地点了点头，诚恳地说："下一次纱厂支部开会，我同你一道去参加。"

奉天纱厂坐落在比较偏僻的市郊，厂门外有一片小树林，四周一片荒凉。8月22日下午6点左右，一个头戴礼帽、身穿绸长衫的教书先生来到小树林中，他就是孟坚。约莫一刻钟后，一身工人装束的刘少奇也来到这里。他们会合后，等待着纱厂工人下班。

然而，时间一分一秒地过去。已经过了下班的时间，而纱厂的大门依旧死死地紧闭着，不见一个工人出来。见此情景，刘少奇立即警觉起来，他问站在身边的孟坚："平时也是这样吗？"

孟坚也疑惑不解地摇摇头，说道："奇怪呀，平时不是这样的，一到下班时间，工人们便蜂拥而出，非常热闹！"

听了孟坚的话，刘少奇马上意识到出事了。他立刻说道："我们不能再等下去，赶紧离开这里。"

就在他们分头离开的时候，厂门突然打开，从里面冲出几个警察，不由分说，将刘少奇和孟坚扣押起来。

突遭变故，措手不及，刚到奉天不久的刘少奇就这样被捕了。

原来，由于内部出现叛徒，一名工人党员向厂方告密，筹备罢工的事情让厂方知道了。工厂当局决定抢先下手，逮捕了纱厂党支部书记常宝玉，逼他供出了这次开会的秘密。

面对骤然剧变，富有斗争经验的刘少奇并不慌乱，他决定利用自己刚到奉天无人知晓的有利条件，伺机脱身。

刘少奇、孟坚被捕后，厂方只是将他们当作煽动工潮的嫌疑分子对待。第二天，开始进行审问。主持审讯的是工厂里一个管理员模样的人。他问刘少奇：

"你叫什么名字？"

"成秉真。"刘少奇操着浓重的湖南口音看了那人一眼，不慌不忙地回答道。

成秉真是他一个表哥的名字，刘少奇熟悉他的经历，所以能够应对自如。

那人又问："你是从哪里来的？"

"从武汉来，因为在武汉没有工作，生活不下去了，听说奉天日子好过，想投奔这里找个同乡介绍个工作，混碗饭吃。"

"你哪里是从武汉来的？分明是从上海来的嘛，那里纱厂的工人才闹得凶哩！"审讯者吼道。

刘少奇镇定地说："我确实是从武汉来的，不是从上海来的。刚下火车，人生地不熟，摸到这里来想找口水喝，不知为什么就被你们给抓来了。你们平白无故地抓人，也太不讲理了。”

那个主持审讯的人又质问刘少奇：“你到底是干什么的？”

刘少奇仍平静地回答：“我是做工的工人。”

审问者又用怀疑的目光足足盯了刘少奇半分钟后，突然说道：“把你的手伸过来。”

他看过刘少奇的手后，“嘿嘿”奸笑两声，说道：“工人？你骗得了别人，可骗不了我。看你细皮嫩肉的，连个茧子也没有，怎么可能是工人？”

看着审问者得意的神情，刘少奇不慌不忙地答道：“我是一个排字工人，如果你们这里有排版的活儿，我保证能够干好的！”

在刘少奇机警的应对之下，审讯者一无所获。便将提供情报的常宝玉找来对质。常宝玉没有见过刘少奇，无法指认，只好咬住孟坚不放。而孟坚任凭敌人施以酷刑，拒不承认组织工人罢工之事。气得对方恼羞成怒，将常宝玉痛打一顿。

第二天，奉天纱厂见审不出什么名堂，便将刘少奇、孟坚、常宝玉三人解送奉天警察局，后又转押至奉天高等法院检查处看守所。

这是一个待决犯临时关押场所，里边关押的人很多，管理十分混乱，这就为刘少奇等争取蒙混出去提供了有利条件。

在这里，每天都有二十分钟的放风时间，刘少奇便利用这个机会，把自己的想法悄悄地告诉孟坚：

“纱厂方面把我们推到地方法院，这就说明敌人没有抓到什么把柄，我们的案情并不严重。现在关键是那个常宝玉。你要做他的工作，告诉他，大家都是为工人做好事，不要互相乱咬。如果他能翻供，我们就有机会出去。”

按照刘少奇的指示，孟坚利用与常宝玉关在一个牢房的机会，做通了他的思想工作，三个人统一了口径。

9月上旬，奉天高等法院开庭，对刘少奇、孟坚“煽动工潮案”进行审讯。主审法官是刚从日本留学回国的洋学生，穿着法官的大礼服，他先对孟坚审讯了一番，接着审问刘少奇：“你叫成秉真吗？”

刘少奇不慌不忙地说："是的，我叫成秉真。"法官又问了他几个问题。刘少奇的回答同先前的口供一样。法官又把常宝玉叫上来，常推翻了原供，否认自己认识孟坚，并坚持说以前的口供都是厂警刑讯逼出来的。不到一小时，法庭调查结束了。

法官见案卷中根本没有物证，只有常宝玉一个人前后相矛盾的口供，显然不足为凭，他决定了结此案。

几天后，奉天高等法院对这一"煽动工潮案"作出判决，对刘少奇、孟坚的判决结果是："证据不足，不予起诉，取保释放。"常宝玉因和纱厂有直接劳资关系，被判罚40天拘役。

就这样，被捕近一个月后，刘少奇有惊无险地脱离了虎口。

回到省委后，刘少奇立即向中共中央报告了自己被捕和出狱的经过，并吸取了在这一事件上的教训。中央回电，由刘少奇继续担任中共满洲省委书记兼宣传部长。随后，刘少奇又信心百倍地投入了新的战斗。

从奉天高等法院出来后，遵照中共中央关于"应该把中东路问题看作满洲党组织当前最严重的政治任务"的指示精神，刘少奇于9月底到达哈尔滨，就近指导中东路工人的斗争。他深入基层，了解情况。经过深入细致的调查，刘少奇发现，由于中共哈尔滨市委内部意见不一，特别是正确的意见得不到支持，导致对中东路工人斗争领导不力。于是，在哈尔滨党组织的会议上，刘少奇公开支持正确主张。他认为，在目前白色恐怖十分严重的情况下，不宜采取组织游行示威等激进的方式，而应以怠工的方式进行斗争。要坚决反对那些只顾个人利益而拼命工作的小资产阶级意识，应当向当局提出保障工人切身利益的要求。

经过刘少奇耐心的说服教育，中共哈尔滨地下党组织统一了认识，采取了正确而又稳妥的斗争方式，使得工人运动逐步走向高潮。在工人运动的带动下，东北各地的农民运动和学生运动也有了进步和发展。

十四、革命伉俪

何宝珍，曾用名葆珍、葆贞、葆真，乳名林英。1902年出生于湖南省道县一个贫苦家庭。父亲何瑞蓉是个穷秀才，靠做小买卖维持5口之家的生计。因为家庭贫穷，何宝珍很小便给人家当童养媳，并随婆婆到一户姓蒋的地主家里当佣工。父亲病逝后，家中生活更难维持，年仅两岁的妹妹以两块银洋加五斗米被一个人贩子买去。

由于家庭贫穷，何宝珍没有读过书。她随婆婆到蒋家后，蒋家有位小姐正读私塾，何宝珍作为小姐的贴身丫鬟经常出入私塾，耳濡目染，也就慢慢认识了不少字。后来，蒋家小姐去县立国民女子小学堂读书，何宝珍又去伴读。由于她天资聪慧，勤奋好学，博得老师的同情和赞赏，破例让她作为正式学生一起上课。小学毕业后，何宝珍与蒋家小姐一同报考衡阳第三女子师范学校，考试的结果公布，蒋家小姐名落孙山，而何宝珍却以优异成绩名列榜首。地主蒋老爷试图强迫何宝珍把自己的学籍让给他没考取的女儿。在富有正义感的老师的支持下，何宝珍毅然冲破阻挠，进入衡阳第三女子师范学校读书。

五四爱国运动爆发后，全国各地学生纷纷声援。当时衡阳第三女子师范学校的校长欧阳骏是个有名的封建卫道士。为阻挠学生参加集会，一大早就将学校大门上锁，不让学生外出。何宝珍十分愤怒，她把进步学生召集在操场上，振臂高呼："当今之世，已不是校长横行霸道之时，爱国者，站起来！冲出学校，走向街头！"在她的鼓动下，第三女子师范学校近百名爱国学生剪掉辫子，每人自制一面三角小旗，上书"打倒帝国主义列强"、"反对不平等条约"、"勿忘国耻"等反帝反封建口号。何宝珍带领学生越墙走出校园，参加示威游行。

1922年9月，何宝珍又领导学生发表宣言，掀起了反对校长欧阳

骏的罢课斗争。她在斗争中很快成长起来，成为第三女师学生运动的领袖之一。

刘少奇夫人何宝珍

刘少奇与何宝珍的相识是在长沙清水塘畔，说来他们的相识还与毛泽东有着直接的关系。

事情的经过是这样的：由于何宝珍揭露了欧阳骏的腐败行径，欧阳骏恼羞成怒，勾结那个蒋姓地主，以违反封建礼教为由，将何宝珍监禁在学校的工具室里，不许她与外界联系。当天晚上，半夜时分，两个黑影出现在学校工具室的房门边。他们是衡阳党组织的负责人张秋人和朱舜华，得知何宝珍遭监禁的消息，特地冒雨前来帮助何宝珍逃出牢笼。他们用铁钳撬开大铜锁，在夜幕的掩护下搀扶着何宝珍，来到后操场，攀上榕树，爬上围墙，逃出虎口。

第二天，校方在四处找人均无结果的情况下，宣布开除何宝珍的学籍。衡阳党组织派张秋人雇船将何宝珍接到长沙，住在清水塘毛泽东与杨开慧的家里。

中共湘区区委设在长沙小吴门外的清水塘22号。那里有一片菜园和一个水质清澈的池塘，塘边有杨柳伫立，显得清静而安详，清水塘因此而得名。池塘的一侧是一座普通的青砖小民房，这便是清水塘22号了。此时的毛泽东担任中共湘区执行委员会书记及中国劳动组合书记部湖南分部主任，与杨开慧结婚不久。

刘少奇自莫斯科回国后，先是在中国劳动组合书记部工作，中共二大后，受陈独秀派遣，刘少奇到湖南参加中共湖南地区党的执行委员会的领导工作。他先是在粤汉铁路长沙段酝酿罢工，随后受中共湘区委派遣，到安源路矿领导那里的罢工斗争。

其间的一天，刘少奇从安源归来，他与毛泽东席地而坐，兴奋地谈论

着安源罢工的浪潮。

忽然，从对面的树丛中传来一串银铃般的笑声。刘少奇抬头一看，只见朱舜华手拉着一位陌生的漂亮姑娘向他们走来。

毛泽东见状，便笑着介绍："那位是小何，在衡阳第三女师揭露校长欧阳骏治校无方和贪污腐化，被开除了，无家可归。现在住我家里。"

听了毛泽东的介绍，刘少奇仔细打量着这位姑娘。何宝珍不仅漂亮，而且很有气质，尤其是笑起来很招人喜欢。

就这样，刘少奇和何宝珍在毛泽东的介绍下认识了。大家在一起谈论问题时既热烈又开心。朱舜华毕竟是个女同志，很是心细。她知道冲破封建枷锁的何宝珍此时还没有男友，此时的刘少奇也还没有女友。看着两人谈得很投机，觉得他俩挺般配。于是，她故意神秘地对刘少奇低声说："喂，少奇，何宝珍给你当秘书，还行吧？"

听了朱舜华的话，他俩的脸都红了。何宝珍低下头悄悄地抚弄衣襟。朱舜华一句话促成了他俩的革命姻缘。

认识何宝珍后不久，刘少奇又奉命去了安源。

1923年春，毛泽东派何宝珍去安源协助刘少奇领导工人运动，她的公开身份是安源路矿工人子弟学校教师。共同的事业与追求使何宝珍与刘少奇产生了真挚的爱情。这年4月，他们在安源喜结良缘。

俱乐部刘主任结婚的喜讯像阵春风转瞬间便传遍十里矿山。结婚当天，工友们凑钱买了些简单的贺礼，准备热热闹闹地为刘主任庆贺一番。但刘少奇却将各类红包一律退了，只在俱乐部开了个茶话会，举行了简单的结婚仪式。

工人们都说："刘主任办喜事，不办酒席不收礼，新娘不坐花轿，这叫做文明结婚！"

婚后的生活是幸福的！婚后的第二年，他们的大儿子刘允斌出生了。为了工作方便，何宝珍把孩子送回湖南老家抚养。从此，她跟随刘少奇从事革命活动，成为刘少奇的得力助手。

1925年，五卅惨案发生，当时，刘少奇在上海总工会工作，工作压力大，任务繁重，刘少奇的健康状况受到影响。经上级同意，何宝珍从安源来到刘少奇身边，负责通信联络、整理文件和抄写资料等工作，同时细心照料身患肺病的刘少奇。1925年底，刘少奇回湖南长沙养病，遭湖南军阀赵恒惕逮捕入狱。何宝珍四处奔走，经多方营救，刘少奇得以自由。

北伐战争时期，何宝珍随刘少奇来到武汉，除完成党组织交给她的工作外，还经常参加慰问北伐军伤病员和救济妇女、儿童的活动，热情帮助派到武汉工作的同志解决食宿困难。汪精卫继蒋介石后公开背叛革命，武汉地区形势十分险恶。此时正在庐山养病的刘少奇十分牵挂留守在武汉的何宝珍。他通过关系转告何宝珍，立即转移到庐山来。

1927年10月，何宝珍跟随刘少奇再次来到上海。那时的上海正处于血雨腥风之中，反动派到处搜捕和屠杀革命者。有一次，刘少奇他们正在工人宿舍商讨组织武装反抗反动派事宜，突然，一群流氓打手闻风赶来。刘少奇立即组织大家转移。这时，何宝珍却站起来反对，她说："我们要与敌人决一死战！"朱舜华表示赞同何宝珍的观点。

"快走，这是命令！"刘少奇威严地命令道。

看到刘少奇威严的表情，何宝珍和朱舜华只得表示服从。刘少奇带领与会者迅速跳窗撤离。反动派的走狗们扑了个空。

晚上，朱舜华来到他们家里，与何宝珍一起指责刘少奇说：

"今天我们手里有枪，为什么不可以消灭几个敌人？"

"你们那样太幼稚，是会吃亏的。"躺在床上的刘少奇微笑着回答。他看何宝珍和朱舜华似乎还不明白话意，就接着解释说："必须避免无谓的牺牲，在这种情况下，后退也是进攻。"

"说得好听！"何宝珍好像仍然想不通，她将朱舜华叫到床前，要把刘少奇抬下床来。

刘少奇笑着连忙摆手说："别开这样的玩笑！"何宝珍和朱舜华看到刘少奇一脸认真和"害怕"，扑哧一声笑了起来。

1929年春，刘少奇从外地调回上海，任中共沪东区委书记。何宝珍随他第三次来上海。不久，又同刘少奇一起去满洲省委工作。

1930年3月，何宝珍跟随刘少奇离开满洲省委，第四次来到上海工作。这次在上海工作期间，她当过交通员，住过机关，搞过联络，守过店铺，任过教员，进过工厂。她不顾个人安危，任劳任怨，想方设法为刘少奇和他的同志们创造良好的工作环境。

这时的何宝珍已是3个孩子的妈妈了。刘少奇当时担任中央职工部部长。白天，两人各忙各的；晚上，刘少奇仍有忙不完的工作。何宝珍就坐在灯下，默默地为他抄写文件。这是一对恩爱夫妻和革命伴侣。

1932年冬，刘少奇接到党的指示，要离开上海去江西中央苏区工作。根据党的指示，何宝珍担任全国互济总会负责人兼营救部部长，继续留在上海坚持革命斗争，这对革命伉俪面临着又一次离别。

何宝珍舍不得离开身患肺病的丈夫，她要求和刘少奇一同去江西，她愿意跟随丈夫工作并照顾他的生活。

刘少奇深情地望着妻子，摇了摇头："不行啊，这是党的决定，我们必须无条件服从！"

刘少奇终于告别了妻子。何宝珍站在寒风中，目送着丈夫渐渐远去。令他们没有想到的是，这次分别竟是诀别。

互济会是中国共产党领导下的一个专门从事援助受难同志及其家属工作的革命群众团体。何宝珍到互济总会后，化名王芬芳，以教师的公开身份为掩护开展工作，主要负责同赤色国际互济总会联系，争取国际援助。同时，她还四处奔走，为狱中难友聘请律师，争取社会力量的支持，积极营救被捕同志。

何宝珍的革命活动引起了敌人的注意。由于叛徒出卖，1933年3月底，一群便衣特务包围了何宝珍的住处。她意识到可能要出事，便将年仅3岁的小儿子毛毛交给邻居一位大嫂，说："请帮助照顾一下孩子，过几天会有人来领他。"说罢，立即转回室内，销毁了机密文件，从容面对敌人。

何宝珍被捕后，被囚禁在上海市警察局，敌人逼她承认自己的真实身份。

“我是工人家属，也当过教师。”何宝珍回答。

“不对，你是政治犯！”敌人大喊大叫着。

何宝珍灵机一动，装着听不懂，笑着答道：“我只会煮饭，不会蒸饭。”

敌人对她开始严刑拷打，但始终没有问出个结果，便将她押解位于南京的宪兵司令部。

此后，敌人又多次审讯何宝珍，并动用了大刑，但是，何宝珍坚贞不屈，始终没有暴露自己的真实身份。

1934 年 10 月 18 日，何宝珍听到荷枪实弹的狱警恶狼般地号叫着她的化名，知道敌人要对她动手了。她镇定自若，从容地整理了一下自己的衣服，梳了梳头发，和姐妹告别，昂首走出牢房大门。

刽子手把何宝珍押往雨花台，随着罪恶的枪声响起，这位年仅 32 岁的共产党员、人民的好女儿热血洒在了雨花台上，她用自己年轻的生命谱写了一曲壮丽的人生之歌。

远在江西瑞金的刘少奇得到妻子遇害的消息后，万分悲痛，他挥笔写下了几个大字：“英勇坚决，为女党员之杰出者！”以表达他对何宝珍的敬重与怀念。

十五、忠孝难以两全

1961年5月7日，一个风和日丽的日子。湖南宁乡炭子冲来了一行人，他们沿着山间小道，来到一座坟前，其中一位身材高大、一脸慈祥的长者就是时任中华人民共和国主席的刘少奇。

站在已经长满了青草的母亲坟前，刘少奇默默无语。他想起最后一次看见母亲，已是36年前的事，而母亲离开人世也已经整整30个春秋。母亲在世时，由于他常年在外求学、奔波，没有尽到孝心，反而让老母在家为自己的安危而担忧。母亲去世时，也没有能够为老人家送终。想到此，刘少奇慢慢地抬起了头，任凭思念的泪水流淌。

刘少奇很爱自己的父亲，是父亲把他送进了私塾，也从此改变了刘少奇的命运，父亲的英年早逝留给刘少奇的是无尽的怀念与遗憾。

刘少奇也非常爱自己的母亲，是母亲在父亲去世后，用瘦弱的肩膀挑起了家庭重担，在极其艰难的条件下，始终如一地支持刘少奇走出炭子冲，继续学习。虽然后来当她知道儿子所从事的工作极其危险时，曾跪在儿子面前，极力劝阻过，但当她懂得了儿子所从事的崇高事业也是为了母亲、为了千千万万个母亲的幸福后，这位饱经风霜的老人表现出的是极大的宽容与理解，挥泪送儿子踏上革命的征程。

刘少奇的母亲鲁氏，18岁嫁到刘家。来到刘家，刘少奇的母亲便成了家中的主心骨。她克勤克俭，精于操持家计，不仅能把一家人的生活料理得井井有条，而且对于一些本该由男人出面的事，诸如一年四季的农活、请人帮工等，也分担了其中的大部分。

刘少奇的母亲十分宽容、开通。尽管自己没有上过学，但她主张孩子尤其是男孩应当上学，将来才有出息。正是有了父母亲的支持，刘少奇才得以多次变换地方求学。父亲于1911年夏因病过早去世，刘少奇的母亲

用她瘦弱但坚强的身躯挑起了家庭的重担。在她的带领下，全家人经过艰苦劳动，家境慢慢地好起来。

但无论怎么说，母亲终究是属于她那个时代的、不识字的农村妇女。随着刘少奇一天天长大，思想一天天成熟，母子之间的冲突便不可避免地发生了。

刘少奇在外求学，随着知识的增长，见识也增长了。耳闻目睹，使他逐渐成熟的思想显得格外活跃。辛亥革命的爆发，新思想的传播，使刘少奇受到了很大的启示和震动。他开始厌倦私塾里的陈旧课程和教学方法，向往新式学堂。原因很简单，刘少奇想了解中国、想了解世界已经发生和正在发生的变化。而这些在私塾里是永远得不到的。他跟母亲多次谈了自己的想法，希望得到支持。但母亲是用老眼光看待学识和前途。她认为儿子的学问已经不错，剩下的就是找个好中医从师学习，将来做个郎中，就可以维持生活。因此，用不着再继续读“洋书”。

刘少奇知道母亲心软，只要花些工夫硬磨，肯定会同意自己的要求。于是，他一边像往常一样帮母亲干活，一边寻找机会谈自己的想法。母亲心疼自己的儿子，最终还是经不起软缠硬磨，作出了让步，同意刘少奇到离家 10 多公里的西冲山芳储乡小学读书。

刘少奇格外珍惜这一争取来的求学机会，学习更加刻苦，学习成绩名列前茅，顺利地考入了宁乡县第一高等小学。1916 年夏，18 岁的刘少奇又跑到省城长沙，考入了宁乡驻省中学。这年秋天，刘少奇又报考湖南陆军讲武堂。后来由于陆军讲武堂解散，自己又不愿回宁乡驻省中学复读，权衡再三，刘少奇决定在家里复习功课准备考大学。

不久，在全国掀起有志青年去欧洲寻找救国真理的热潮，尤以留法勤工俭学为最。刘少奇也是这些热血青年中的一位，他到河北保定的留法预备班学习了半年后，因路费难以凑齐又回到湖南。在长沙听说可以通过上海的“外国语学社”到俄留学的消息后，他决定改留法为留俄。因为十月革命的故乡更令他向往。联系妥后他赶回家中，征求意见并希望

筹集到旅费。

这时已是1920年冬，刘少奇已经有一年多没回家了。本来，母亲不打算让他再读书，可刘少奇偏偏一发不可收拾，从县城读到省城。而且让母亲担心的是他不断地参加学生运动，五四运动时甚至到了北京。离家一年多，好不容易盼回来了，却又带来了一个令全家感到震惊的决定：到俄国留学。

当听说儿子要出国留学，母亲的态度就更加坚决了，她不愿意刘少奇再次离家远走。母亲对刘少奇说道："你只要不去留学，什么要求家里都可以答应你。你可以在家做你喜欢做的事，也可以去长沙读大学。"不仅母亲不愿他到国外留学，刘少奇的几位哥哥也极力挽留他。

刘少奇对母亲的态度是早有预料的。他深知母亲爱他，不会轻易让他出国留学。因此，在回家时早都想好了劝说母亲的话。他告诉母亲："苏俄是劳农当政的国家，是最平等合理的社会，我们应该去了解、学习。我离开祖国，离开母亲，正是为了祖国的强大和母亲的幸福！"

听了儿子的话，母亲感到儿子讲得有道理，也从这次谈话中感觉到儿子已经长大，她感慨万千地叹息道："真是儿大不由娘啊！"随后是长时间的沉默。过了许久，母亲抬起头来对刘少奇的几个哥哥说道：

"你们抓紧时间开仓粜些粮食，再把家中的几头肥猪卖掉吧！"

听到母亲这样安排，刘少奇就知道她已经为自己准备路费了。几个哥哥没说什么，也不必要说什么，就分头去粜粮、卖猪了。

几个哥哥走出门后，屋里只剩下刘少奇和母亲。母亲静静地坐在那里，一副淡然神态，仿佛儿子去的不是远隔千山万水的俄国，而是几里之外的集镇。一个母亲的豁达、宽容、勇敢和奉献正是在这种平淡中得到升华。为人母，就不愿委屈自己的孩子；为人母，就会把叹息、痛苦和失落留给自己，把自由、理想和祝福送给儿子。多么伟大的母亲啊！

遵照母亲的嘱托，路费很快就凑齐了。随后，刘少奇告别了慈爱的母亲和家人，几个伙伴一起上路了。到上海后，经过几个月的学习，1921年

春启程赴莫斯科。到莫斯科后，刘少奇进入东方劳动者共产主义大学中国班学习，并在那里加入了中国共产党。

1922年春，根据组织决定，刘少奇提前回国，8月到长沙，任中共湘区执行委员会委员。报到后，他抽空回到家里看望母亲。

母亲万万没想到儿子会这么快就回到她的身边，高兴得不知说什么好，思念与喜悦顺着泪水一齐淌出。母亲拉着刘少奇的手有说不完的话。但是有重任在身的刘少奇不能在家停留很久。他也没敢跟母亲说自己正从事着随时都会被捕甚至牺牲的事业，便匆匆离开了家。

这一次母亲没有拦他。她想，小儿子已经完全长大了，可以出外做事了。

安源工人大罢工的胜利把刘少奇推到了工人运动领袖的地位。此时，母亲从他哥哥口中得知，小儿子刘少奇干了革命。她的担心与日俱增。于是，母亲经常在佛龛前念叨：保佑我家九伢子平平安安。

刘少奇再次见到母亲，便是最后一面了。这次不是他去看望母亲，而是母亲来见他；不是在家乡，而是在长沙；不是他给母亲行礼，而是母亲求他。

1925年底，按照党组织的安排，刘少奇从上海到长沙治病和休养。因为五卅运动时的过度操劳，刘少奇的肺病发作，需要静心养病。谁料到，湖南军阀赵恒惕探得消息，竟把他捕去了。

一时间，群情激愤。妻子何宝珍四处奔波，求人援救，母亲也把哥哥刘云庭派到长沙，利用他曾在湘军中做过下级军官的背景及同乡关系，联络援救。党组织也想尽一切办法营救刘少奇。迫于社会各种压力，赵恒惕难以招架，他不得不在1926年1月将刘少奇释放。

经历了这次牢狱之灾，母亲更为儿子的安全担心了。母亲在刘少奇哥哥的陪同下，不顾年迈、不顾劳累急匆匆赶到长沙，去见出狱后的刘少奇。

母亲见到儿子，未语先流泪。过早失去丈夫的她，再经不起失去儿子的打击。她一下扑在儿子跟前，要求儿子跟自己回家，无论如何再也不能出去干那种危险的工作了。

面对泪流满面、一头华发的母亲，刘少奇一时无语，他感到自己的心欲碎、全身的血液都要凝固了。他理解母亲此时的心情，那是母亲对儿子比大海还要深的爱，是毫无掩饰的流露与表现。这种爱比世界上任何东西都要宝贵！

但是，刘少奇已经是中国共产党党员，他的生命已经不仅仅属于母亲，更属于党、属于祖国和人民。因此，为党和人民的事业而奋斗终身才是最终的理想。想到这，刘少奇对母亲说道：

"妈妈，别的事情我都可以依您，唯有这件事不能答应您。请您老人家还是放心地回去吧，我会多加小心的。"

刘少奇毅然告别了母亲，离开长沙，踏上了新的征程。

令刘少奇没有想到的是，这次浸透了泪水的离别竟成了自己与母亲的诀别。此后，由于革命工作的繁忙，刘少奇再也没能抽空回家看望母亲。1931年母亲病逝的消息，也是他事后才知道的。

古人所说的忠孝难以两全，在刘少奇身上得到了充分体现。刘少奇一直思念着亲爱的母亲，他深知母爱的珍贵。当离别母亲36年，母亲去世30年后，刘少奇站在母亲长满青草的坟前，深深三鞠躬时，心里仍充满着无限的怀念与内疚。

十六、主政全总苏区中央执行局

中共六届四中全会以来，由于王明、博古等“左”倾中央领导人，从政治上、军事上、组织上以至工人运动各个方面，极力推行“左”倾冒险主义的路线、方针和政策，使党的工作受到重大损失。党在白区的工作接连遭到破坏，党、团、工会组织的许多重要领导人相继被捕，不少同志惨遭杀害。特别是1931年4月顾顺章的叛变，给中共中央领导机关和党的领导人的安全造成了极大的威胁。经请示共产国际后，临时中央决定整个迁入江西中央苏区。

1932年入冬以后，刘少奇经过一番化装，先在地下交通员的陪同护送下，乘坐一艘由上海驶向汕头的客轮，抵达汕头，后又由汕头的秘密交通站护送上船，前往广东大埔。再由大埔秘密乘船至广东、福建交界的游击区，上岸以后即由武装交通护送，到达苏区，过上杭，经长汀，进入江西境内。一路上，刘少奇虽有人护送，走的是一条上海至瑞金的安全秘密交通线，但多为日伏夜行，甚至时停时行，非常艰辛，经过近二十天，终于到达了中华苏维埃共和国临时中央政府所在地红都瑞金，住在沙洲坝。

随着刘少奇及全总机关的其他负责同志来到瑞金，1933年1月，中华全国总工会改名为中华全国总工会苏区中央执行局（简称全总苏区中央执行局），刘少奇任委员长，陈云任副委员长兼党团书记。下设秘书处、组织部、女工部、青工部、福利部、社会经济部、国家企业部、文化教育部。各部选配了得力领导和精干的工作人员，整个组织运转协调，坚强有力。两年前成立的设在瑞金的全总苏区执行局即行撤销。

刘少奇到中央苏区以后，首先就是调查研究，了解情况，深入基层，发现问题，解决问题。他先后到过中央兵工厂、弹药厂、被服厂、印刷厂、造纸厂及其他许多中央的直属工厂和军队医院。他生活简朴，平易近

人，关心群众疾苦，常常和群众谈心到深夜，群众都会给他讲心里话。每到一处，他都和工厂、工会干部及职工群众讲革命道理和革命故事，指出革命胜利的前途，帮助群众解决生产、生活、工作中遇到的困难。他对群众说："我们有党的正确领导，有英勇坚强的工农红军，枪炮有敌人给我们造，有敌人运送给我们（意为从敌人手里缴获过来）；但我们还需要很多东西，才能满足革命斗争的需要，这就要靠我们自力更生，就地取材，发挥广大群众的智慧，三个臭皮匠可以成为一个诸葛亮，社会是人创造的，道路是人走出来的。"

此时中央苏区生活十分艰苦。国民党调动几十万大军向苏区发动一次又一次疯狂的反革命"围剿"，并在经济上实行严密的封锁，妄图将红军和苏区群众打死、杀死、饿死、冻死。苏区的物资供应因此极为紧张，粮食奇缺。为了千方百计地节约粮食，支援前线，当时苏维埃政府机关工作人员的粮食供应标准较低，但还是自觉地每人每天节约二三两米去支援前线，当地的苏区干部都"自带干粮来办公"。这样一来，吃大锅饭的办法就行不通了。后来大家商议出了一个办法，即吃"包包饭"。就是用当地一种长阔叶的野草织成草包，每人发给一个，每人每天按自己的粮食定量，把大米放在包里蒸熟，包上写上自己的名字，吃饭时就领取自己的饭包。

刘少奇不仅每天坚持和普通工作人员一样吃"包包饭"，而且经常一天只吃两餐，这样，每天可以省出 4 两米。在最艰苦的时期，刘少奇有时甚至饿着肚子工作。

刘少奇和其他中央领导带头吃"包包饭"的消息传到前线后，极大地鼓舞了红军全体指战员。有的红军战士打完仗之后，便端着饭碗数数自己打死了几个敌人，捉了几个俘虏，缴了几支枪。要是有了战果，就高高兴兴地吃饭，要是战果不好，心里就难过，觉得对不起中央领导和人民群众，并默誓下一次战斗要多杀敌人。

全总苏区中央执行局成立以后，刘少奇竭力排除"左"倾路线对工会组织建设的干扰，健全和完善中央苏区各级工会组织，壮大工会队伍，使工会组织成为苏维埃政权中的柱石。

在这之前，中央苏区各级工会只有地方省、县、区、乡工会的联合，没有建立系统的产业工会。由于“左”倾路线的条条框框，苏区工人队伍中占绝对优势的手工业工人、苦力工人以及乡村中的农业工人，被排斥在工会组织的大门之外。刘少奇从苏区现代工业落后的实际出发，结合根据地工人运动的特点，着手建立系统的产业工人工会。

1933年4月1日至7日，全总苏区中央执行局领导召开的中国农业工人第一次全国代表大会在瑞金举行。刘少奇在会上作《目前的政治形势与中国农业工人的任务》的报告。毛泽东代表中华苏维埃共和国临时中央政府到会指导，并对农业工会提出了若干具体要求。大会通过了《农业工会章程》和农业工人的经济斗争纲领，确定了农业工会的各项工作，选举产生了中国农业工会临时中央委员会，还决定创办农业工会机关报。工人领袖刘少奇亲自主持并自始至终参加这次代表大会，使出席农业工人代表大会的244名代表备受鼓舞。

接着，刘少奇又于1933年5月1日主持召开中国店员手艺工人第一次全国代表大会，7月1日主持召开中国纸业工人代表大会，9月1日主持召开中国苦力运输工人第一次代表大会。经过这些代表大会，先后在瑞金成立了中国农业工人工会、中国店员手艺工人工会、中国苦力运输工人工会、中国纸业工人工会和中国国家企业工人工会。这些产业工人工会直接受全总苏区中央执行局领导。各省也相应成立了省级各产业工会。

中央各产业工会设有组织部、文教部、女工部等部。省级各产业工会受省工会联合会领导。各县成立县工联，根据工人实际情况成立产业性质的县级工会。如某业工人很少，就不成立该业县级工会，直属于县工联。区有区工联。每个乡只成立一个工会，村有支部，支部下设小组。3-10个工人成立一个小组，选小组长1人。3个小组以上，就召开会员大会成立支部，选出支部长1人，委员5-7人。3个支部以上就召开代表大会，成

立乡工会。采用三三制来发展工会组织，并建立了会议报告制度。产业工会的成立和各级工会组织的健全，推动了苏区工人运动的发展。

在苏区各级工会的健全与完善过程中，围绕着工会会员的成分问题，发生了一场严重的争论。争论的问题是“独立劳动者”能否加入工会，已经加入了的怎么办。这场争论，实质上是正确路线和“左”倾错误路线在工人运动领域的分歧和斗争。

其实，这个矛盾由来已久。1930年2月，全总提出了《苏维埃区域工作大纲》，指出：凡是自己没有生产工具被雇于人而依赖自己的劳力所卖得的工钱而生活者，才算是真正的工人；凡手工业者如理发、裁缝、木匠等带有学徒、助手、雇工的店员或老板，他们虽然自己参加劳动，但他们同时又是剥削别人劳动力的，这当然不能算是工人，不能加入工会。就是没有带学徒、助手或雇工的独立劳动者，因为他们没有雇主的剥削，所以也不能算是工人，不能加入工会。这样，《大纲》就把手工业工人划为“独立劳动者”，不算工人，不能加入工会。1931年12月颁布的《劳动法》，以法律的形式把“独立劳动者”排斥于工人阶级队伍之外。中央工农政府副主席项英对此曾做专门解释说：“独立劳动者，也是沿门卖工，靠工钱来维持生活的，但他不是工人，就不能享受劳动法所规定的一切权利和利益。”

1932年1月，全总苏区执行局发出《关于独立劳动者问题的通知》，错误地要求各级工会坚决洗刷“独立劳动者”，建立所谓真正的阶级工会。同年2月，由全总苏区执行局主持召开的闽赣两省工人代表大会，作出了《组织问题决议案》，提出要组织百分之百的阶级工人于工会之内，在规定“独立劳动者不是工人，不能加入职工会”的同时，还把独立劳动者加入职工会，看成是职业性的行会组织，要以斗争的手段作为敌对分子去洗刷。于是，中央苏区各级工会组织两次大整顿，对独立劳动者进行大清洗，把大批的手工业工人、农业工人、自做自卖和沿门卖工的独立劳动者从职工会中洗刷出去了，以达到“组织百分之百的真正阶级工人于工会

的目的”。这实质上是一种取消苏区工会的做法。

刘少奇首先发现了中央苏区工会洗刷独立劳动者的错误，并在报刊上撰文批评。1932年4月，刘少奇化名仲篪，在上海党中央机关刊物《红旗周报》第39期上发表了《苏区阶级工会会员成分》一文。文章针对中央苏区工会中出现的错误，正确地回答了哪些人应该加入工会，哪些人应该从工会中清洗出去，怎样确定阶级工会的会员成分等一系列问题。

刘少奇一针见血地指出：“驱逐独立劳动者出工会”、“驱逐师傅出工会”的口号，实质上就是取消工会组织。结果是孤立自己，扩大对立面。他说：“这样一来，如是散在乡村和城市中间的手艺工人、雇农、苦力、短工等都要被驱逐于工会之外。……工会就只有取消，这当然不是什么阶级路线，而是雇主喜欢这样做的。”

为了纠正这种错误，就必须正确地区分阶级界限。刘少奇指出：“凡属以出卖自己劳动力为生活主要来源的工人、职员、雇农、苦力都是阶级工会的会员成分，都应加入工会，不管他们出卖劳动力的形式怎样，或者还有很少的自己的工具，作为他出卖劳动力的必需的条件。”这就是说，不能把那些“独立劳动者”、“手工业工人”从工会中洗刷出去，只能把那些剥削工人的“包工头”、“半工头”洗刷出工会。刘少奇的正确观点，很快地为党中央和全总多数同志所赞同。

1932年9月，全总发出《为工会会员给各苏区的信》，明确指出：中央苏区在会员问题上清洗独立劳动者是犯了“左”倾机会主义的错误，要坚决反对工会的取消主义与关门主义。信中要求“苏区工会必须制止清洗独立劳动者”，“把他们组织到工会队伍里来”。而且规定：凡是承认工会的章程，以出卖自己劳动力为生活资料的唯一来源（无产阶级）或主要来源（半无产阶级）的工人、雇农、苦力等，不论他的年龄、性别和籍贯及宗教信仰与政治见解如何，均可加入工会为会员。

然而，由于“左”倾思潮的影响，全总苏区执行局对全总的指示信没有仔细领会和认真贯彻。

刘少奇来到中央苏区，成立全总苏区中央执行局以后，遂采取果断措施，纠正这种“左”倾关门主义错误。1933 年 5 月 1 日召开的全国店员手艺工人代表大会正式通过决议案，宣布清洗独立劳动者是错误的，必须立即停止洗刷行为，而且应当把他们吸收到工会里来。

从此，苏区广大独立劳动者踊跃加入工会，扩大了工人阶级队伍，壮大了工人阶级力量。到 1934 年 3 月，苏区工会会员达 25 万人，其中中央苏区 14.5 万人，比 1932 年增加了 50%。

十七、“一针见血的医生”

随着蒋介石和汪精卫相继发动“四一二”和“七一五”两次反革命政变，革命形势急转直下，轰轰烈烈的大革命归于失败。30多万共产党员和革命群众惨遭杀害，党的组织大部被破坏，幸存者被迫转入地下。腥风血雨笼罩下的中国大地上，开始了长达10年的内战，中国共产党也由此开始了两条战线上的斗争：一条战线是武装反抗国民党反动派，建立农村革命根据地；另一条战线是在国民党统治区即白区发动群众，积蓄力量，进行罢工和暴动，开展隐蔽战线上的斗争，以支援公开战线上的武装斗争。刘少奇则是党在白区工作的领导者和实践者，他凭着丰富的斗争经验和高超的领导艺术，开创了党在白区工作的新局面，在这条战线上为中国革命做出了独特的贡献。

白区斗争形势固然险恶，但最令刘少奇感到困惑的却是来自党内的“左”倾错误路线。大革命失败后，革命形势跌入低潮，而党内某些领导人却不顾客观事实，仍认为革命处于高潮，要求采取一切斗争手段使之“高涨再高涨”、“进攻、进攻再进攻”。在这种“左”倾思想指导下，党在白区的工作屡屡受挫，革命力量损失极大。为了扭转白区工作的不利局面，刘少奇进行了不懈的努力和艰辛的探索。

刘少奇深知，在中共党内，“左”倾思潮是有根源的。他在安源领导工人运动时，就发觉在工人群众中有一种自发的“左”倾情绪。他们往往提出许多过高的要求，如无限制地增加工资、减少工时，扩大工会权力等。如达不到这些要求，则动辄以罢工或怠工相威胁。刘少奇曾试图加以说服和劝阻，但收效甚微，并为此遭受党内的指责，被斥为“右倾机会主义”。他在后来写给党中央的一封信中，描述了“二七”大罢工被反动派镇压后安源工人的状况和自己苦闷的心情：“在‘二七’大罢工以后，全国

各地工会均遭解散，这一个工会很孤立的存在如海中孤岛。整个形势要求工会的方针退却与防御，然而工人要求进攻，这种情形将我苦闷欲死。”

刘少奇在信中谈道：“我们在一万多工人中，有绝对无限的信誉。工人罢工后，工作、生活大加改善，社会地位大加提高，人们皆称工人为万岁。工会有最高权力，有法庭、有武器、能指挥当地警察及监狱等。即使这样，工人还是不满足，还要更前进：（一）要求增加工资，但实际情形是不能加了；（二）工人自动将每日工作减至四小时，很多工人自由旷工，这就使生产减少一半；（三）工人不听管理人、工头指挥，许多地方要危害产业的前途和工程；（四）工人要扩大工会权力，审理非工人、管理非工会范围的事。”作为罢工活动的组织者，“为了忠实于工人长期的利益，不能接受工人的要求，在工人中解释不清，无法，只得在会议通过后去阻止工人早下班。结果，工人与阻止下班的纠察队发生冲突。李立三亲自去阻止工人下班，工人要打他，逼得他痛哭流涕离开矿山。我批评工人不要过分。工人要打我，说我被资本家收买，气得我很难受。也正当我与工人发生裂痕时，敌人进攻，准备武力解散工会。我们立即与工人在一起，动员工人抵御了这种进攻，工人完全胜利。然而问题还是如此。”

后来在广州、武汉等地，刘少奇又遇到了同样的问题，而且更为严重。这不能不再次引起他的警觉和深思。但刘少奇始终认为，中国的工人运动应该从中国的实际出发，实事求是。在开展具体工作时，要根据当时的实际情况，选择合适的斗争策略和斗争方式。

1931年1月，中国共产党六届四中全会召开，会议由向忠发主持。在共产国际代表米夫的操纵下，采取突然袭击的方式，对中央领导机构进行改组，成立临时中央，从莫斯科回国不久的王明等把持了中央实权。刘少奇当时在莫斯科，没有出席这次全会，被补选为中央委员和中央政治局候补委员。以王明为首的中共临时中央执行了一条更为“左”倾的错误路线。

这年秋天，刘少奇离开莫斯科，回到上海，担任中央职工部部长兼中华全国总工会党团书记，与王明的“左”倾错误路线进行了抵制和斗争。针对九一八事变和“一·二八”事变后中日民族矛盾不断激化的情况和中国工人阶级既没有武装又缺乏有效组织的现实，秉性正直的刘少奇给中共临时中央写了题为《关于工运的意见》的信，陈述了他对工人斗争形势和策略的看法，并对临时中央关于工人斗争形势所采取的主动进攻方针提出了尖锐的批评。刘少奇认为，目前举行武装暴动，群众没有发动起来，条件不成熟，工人阶级的斗争策略应当是防御性而不是进攻性的。临时中央领导人对此却十分恼火，否决了刘少奇的意见，认为他“站在工会系统上，有右倾机会主义的倾向”，并先后两次派人同他谈话，要他对是否接受中央批评即刻表态。刘少奇并没有屈服，他再次给中央写信，重申自己的观点。不久，临时中央接受共产国际关于刘少奇“不能担任领导工作”的指示，撤销了他的中央职工部部长职务。

为了顾全大局，刘少奇接受了组织安排。面对“左”倾教条主义者的迫害，身处逆境的他仍怀着对党的事业的赤诚之心，来到上海市“工联”工作，毫无怨言地投入到基层工厂的火热斗争中去，但他捍卫真理的决心却一刻也没有动摇过。在上海“工联”，刘少奇深入沪东纱厂，加强党的基层建设工作，并利用空隙认真总结自己领导工人运动的实践，总结经验教训，撰写了许多重要的理论文章，对于进一步开展白区工作，具有重要的指导作用。

“西安事变”爆发后，张学良送蒋介石回南京被扣，东北军一些少壮派军人中出现了“左”倾盲目行为。为提请党对此事的警觉，在北平主持北方局工作的刘少奇给当时党中央负责人洛甫（即张闻天）写了一封长信，系统地谈了自己对群众中“左”倾行为的见解。刘少奇认为，工人中间存在的“左”倾情绪，除中国工人阶级尚处于幼稚阶段因而有自身的弱点外，主要是我们党的领导机关一味迁就、纵容这种情绪，犯了“左”倾错误。他在信中写道：“我认为在 1927 年前我们还犯了‘左’倾的错误，尤其是在工人运动中。这一点我提出过很多次，也是很多次被当作机会

主义来批评过我的。然而我的意见至今还保留着。”“现在的问题，在于我们从八七会议以来，不承认过去有‘左’倾错误，认为这些‘左’的行动，是最革命的行动，不但不应纠正，还应大力发扬，而且谁要说过去有‘左’倾错误，就是机会主义，就是对中国无产阶级不相信……这个历史教训深入每个人的思想中，如果不正确解决的话，那以后的问题还会更严重。”刘少奇的这些精辟见解，在中国共产党党内起到了振聋发聩的作用。

如果说在如何对待工人“左”倾情绪的问题上刘少奇受到了来自党内不公正的指责和批评，那么在对待“黄色工会”问题上，刘少奇受到的压力则更大，这压力不仅来自中共党内，甚至还来自于被当时的中共领导人视为神圣不可冒犯的共产国际和联共（布）。

1930 年 8 月，刘少奇率中国工会代表团出席在莫斯科举行的赤色职工国际第五次代表大会。这是一次隆重的会议，共有 56 个国家和地区的代表出席。大会围绕“黄色工会”问题发生了激烈的争论。

所谓“黄色工会”，是指由资产阶级控制与把持的工人组织，在西方国家普遍存在。关于“黄色工会”名称的来历，还有一个故事。1887 年，法国蒙索明市的工人在工会的领导下举行大罢工，法国的资本家采取卑劣的手段收买工贼，组织了一个假工会，资本家利用假工会破坏工人的罢工运动。罢工的工人们了解内情之后，非常愤怒，他们打碎假工会会所的玻璃窗，假工会的人便用黄纸把玻璃窗糊上了。从此以后，由资本家操纵的工会便被称为“黄色工会”。

在中国，赤色工会是指中国共产党领导的工会，黄色工会是指大革命失败后被国民党所控制的工会。也就是说，黄色工会是在大革命失败后才出现的，而且有的黄色工会如上海报界工会、上海邮务工会、南洋烟草工会等在工人中还颇具影响。如何对待这些黄色工会，实际上涉及在革命处于低潮时我们党对工人运动应当采取什么策略的问题。

联共派驻赤色职工国际的领导人不顾各国的实际情况，要求一律在黄色工会里公开搞赤色反对派，并且要公开打出自己的旗帜，要与黄色

工会进行对抗，要变黄色工会为赤色工会，并提出了决议案。当有人提出疑问时，赤色职工国际领导人竟自豪地强调说，这是德国工人运动的成功经验。

刘少奇不赞成这样做。他认为，德国工人运动的经验固然很宝贵，但中国及一些亚洲国家与欧洲资本主义国家的实际情况不同。在中国，黄色工会不仅势力很大，而且它的存在是合法的，而赤色工会力量小，而且处于非法状态，在这样的客观条件下，在黄色工会里面公开建立赤色反对派，不仅不现实，实际上也是不可能的。他主张赤色工会会员可以加入黄色工会，利用合法身份争取群众，提高群众觉悟，待条件成熟时，才可使黄色工会转变为赤色工会。如果不顾条件，一律公开搞赤色反对派，只能是过早地暴露自己的力量，把自己孤立起来。

当刘少奇表明自己的主张后，立刻遭到赤色职工国际领导人的指责，认为这是“右倾机会主义”。

在执委会表决这个决议案时，刘少奇坚决反对，提出了自己起草的另一个决议案，这就冒犯了赤色职工国际领导人，说他的决议案是“反提纲”、“反决议”。这种提法是很吓人的，因为这是当时联共（布）批判托洛茨基反对派的常用语言。

会议选举第五届赤色国际执行局时，刘少奇当选为执行局委员。大会闭幕后，刘少奇作为中国驻赤色职工国际的首席代表，留在莫斯科，参加赤色职工国际的工作。

刘少奇在莫斯科工作期间，每天都十分繁忙。1931 年 3 月，在共产国际执行委员会第十一次全会第九次会议上，刘少奇结合中国革命的实际情况，作了长篇发言。刘少奇说，当前的中国革命与 1925—1927 年的中国革命相比，具有新的特征。这些特征是，没有资产阶级参加，但是革命却具有资产阶级民主主义的性质。这是他对中国革命和中国工人运动的系统思考。刘少奇虽然身在莫斯科，但他心里时刻惦记着中国革命，特别是中国工人运动的发展。

同年夏天，刘少奇向赤色职工国际递交了一份反映最近中国职工运动、国民党工厂法、工会法及赤色工会目前情况的报告，在分析了中国经济政治危机更加深重、工人运动持续高涨的情况之后，特别指出，中国国民党施行工厂法和工会法，解散和改组工会，禁止工人罢工以及一切言论、集会和结社的自由，是与他们进攻农村革命根据地和召集国民会议的政策不可分离的。他提出，今后一段时期开展工人运动时，应该向工人提议，要联合所有的工会以及没有参加组织的工人，用同盟罢工示威的方法，在经济斗争中联系到政治口号，联系到争自由的口号，去反对国民党的工厂法、工会法，反对国民党解散、改组和干涉工会的一切行动。他还指出了中华全国总工会工作中存在的问题：一是在经济斗争中没有运用下层联合战线，具体表现为，在黄色工会群众起来做经济斗争时，我们却提出了“组织工人自己的赤色工会”、“打倒黄色工会”的口号，而没有提出别的办法，使工人的经济要求得以实现；二是把各种纪念节的工作，作为赤色工会的中心工作。不是把纪念节的工作作为领导经济斗争、提高群众情绪和建立赤色工会的基础，而是把纪念节工作的目的，当作是游行示威。

赤色职工国际的定性确实吓人：职工国际领导人给刘少奇扣上了“右倾机会主义”的帽子，并且一直戴到国内，以至在相当长的时期内，使一些同志不明真相，而党内的“左”倾教条主义者却据此攻击刘少奇。如时任中共临时中央政治局成员的卢福坦就曾对刘少奇提出过如下批评：根据你从赤色国际回来后所发表的许多意见，表明你在工会系统上有右倾机会主义的倾向，中央将在党的会议上宣布你在职工运动问题上的观点是右倾机会主义的，你要接受中央的这个批评。

面对巨大的压力，刘少奇坚信自己的意见是正确的。从1931年11月至1932年3月，他接连撰写了《在目前反帝运动中赤色工会应努力的工作》《批评“退出黄色工会”的策略》《在黄色工会里面建立什么》等文章。在这些文章里，刘少奇充分阐述了在白区开展工人运动的策略思想。遗憾

的是，刘少奇的这些文章再次拉开了他同中共临时中央的距离，进而惹怒了在共产国际工作的王明。1932年3月，王明在他的“左”倾代表作《为中共更加布尔什维克化而斗争》的“再版书后”中，对刘少奇作了不点名批判。中共临时中央掌握的刊物上也接连发表文章，公开、半公开地批判刘少奇的“右倾机会主义错误”。而刘少奇之前所撰写的那些文章，也就正好成了挨批的靶子。

白区斗争因形势的险恶、敌我力量的悬殊决定了我们更多的斗争只能采取秘密的形式。但为了更进一步地发动群众、组织群众，又必须适当地组织一些公开斗争，这样就出现了公开斗争如何合法的问题。

刘少奇认为，国民党政府制定的“工厂法”、“工会法”，尽管其目的是为了压迫工人阶级，束缚工人群众，但国民党为了欺骗工人，又不得不规定一些对于改善工人工作、生活现状有利的条文。例如，规定在某种条件下允许工人组织工会和罢工；10小时工作制；星期日、纪念日休息制；对于工人年老、疾病、死亡进行抚恤救济等。为此，我们党就要善于利用“工厂法”、“工会法”中这些条文，组织工人群众进行合法斗争，要求实现那些条文上规定的利益，并借此揭露国民党的欺骗，这样便更有益于工运工作。假如我们对于“工厂法”、“工会法”一概持“绝对反对”的态度，而要求实现“苏维埃劳动法”这样绝对的口号，那就不仅会一事无成，更会有一些反面作用产生，使自己孤立起来。刘少奇主张，进行合法斗争不但要利用“工厂法”、“工会法”，国民党开展的其他活动、运动我们也可加以利用，如卫生运动、文化娱乐活动、民族扫墓活动、纪念节活动，乃至于儿童节活动、植树活动、法西斯的新生活运动等，“我们都要利用来提出工人的要求，开展在工人群众中的斗争和工作”。

利用国民党开展的这些运动进行斗争有两个方面的好处：一方面使国民党和资本家更难反对工人们所提出的要求，因为这种斗争和要求有着合法的理由，国民党不便制止；另一方面，也可以使共产党能够取得公开的地位来领导工人的斗争，更易于使工人的要求和斗争取得胜利。

刘少奇不仅在理论方面进行阐述，而且在实际工作中对理论加以运用。根据这一指导方针，在刘少奇领导下，北方局利用全国掀起抗日救国运动高潮的形势，进行了许多公开和半公开的活动，如组织群众抵制日货、反对走私，组织华北各界救国联合会、平津及其他地方的学生救国会及民族解放先锋队等，都取得了很好的效果。

1936 年前后，刘少奇根据党的抗日民族统一战线新政策，撰写了《公开工作与秘密工作的区别及其联系》《民族统一战线的基本原则》等多篇文章，提出一整套策略方针。特别是 1936 年 4 月写的《关于白区职工运动的提纲》，阐明了白区斗争中的公开工作和秘密工作、合法斗争和非法斗争、经济斗争和政治斗争等一系列重大关系。这是中共关于白区工作的第一个成熟的马克思主义文件，是指导白区斗争的纲领性文件，标志着中共白区工作的根本转变。随后，刘少奇还在 1937 年 2、3 月向中共中央写了《关于大革命历史教训的一个问题》《关于过去白区工作》等 4 封长信，总结中共在白区工作中的经验教训，提出大革命失败后中共中央对白区工作的指导“是一贯地犯了‘左’倾冒险主义与宗派主义的错误”。刘少奇的这一举动，是延安整风运动中全党总结历史经验、分清路线是非的先声。

在血的教训面前，刘少奇关于白区斗争的策略思想的正确性逐步为全党所公认。在 1937 年 6 月举行的中央政治局会议上，毛泽东称赞刘少奇系统地指出了一段时间党在白区工作中所害病症的问题，“是一针见血的医生”。1945 年中共六届七中全会通过的《关于若干历史问题的决议》，作出了历史性的评价：刘少奇是党的正确路线在白区工作中的代表，他在白区工作中的策略思想是一个模范。无论是提出白区斗争的一整套策略方针，还是全面总结白区工作历史经验，刘少奇都是中共党内的第一人。

十八、重返虎穴

1935年10月，中共中央机关和红军总部经过二万五千里长征到达陕北后，国内的政治形势发生了很大的变化。1935年，日军制造华北事变，策动“华北五省自治运动”。北平爱国学生在中国共产党的领导下，坚决反对“华北自治”。他们走上街头，举行声势浩大的示威游行。北平学生的爱国行动，得到了全国各界的支持与响应。以“一二·九”运动为起点，掀起了全国性的抗日救亡运动的新高潮，“反对华北自治”、“停止内战，一致抗日”的口号，响彻全中国。

当时，北平和天津成为国民党统治区抗日救亡运动的中心，但中国共产党在这一地区的组织还比较薄弱。12月17日至25日，中共中央在陕北安定县（今子长县）瓦窑堡召开政治局扩大会议，确定了抗日民族统一战线的策略方针，刘少奇参加了这一重要会议。会议期间，中央就考虑派一名“得力同志”到华北去。

会后，在党中央负总责的政治局常委张闻天征求刘少奇的意见：“北方局与满洲、太原、热河、察哈尔都有关系，管理的范围很大，需要派一名得力的同志到北方局去。你是否可以去呢？”

“我可以去。”刘少奇说。

张闻天说：“如果你去，就代表党中央领导那里的工作。那边的主要工作，是加强对学生运动及游击战争的领导。学生运动要提高，要同游击战联系起来。北平是重点，同时还要加强对热河、察哈尔、山西等地党的领导工作。”

为落实瓦窑堡会议精神，中央政治局于1935年12月29日又召开常委会，会议由张闻天主持，主要研究怎样转变党在白区（即国民党统治区）的工作问题，决定先从解决中共北方局的组织和工作方针入手。当会

议讨论中共中央北方局的工作方针和组织问题时，张闻天说："我们应该派得力的同志到华北去。我建议派刘少奇去。我已经同刘少奇商量过，少奇同意去华北。"会议同意张闻天的意见，决定以中央驻北方代表的名义派刘少奇到中共中央北方局工作，担任北方局书记。主要任务是贯彻落实瓦窑堡会议精神，大胆地运用党的策略，公开工作与秘密工作相结合，进一步巩固党的秘密组织。

1936 年初，刘少奇离开瓦窑堡，前往华北。临行前，送行的同志关切地说："这次到白区工作，你是重返虎穴，不仅肩负的任务艰巨，而且面临的形势也非常复杂。"

刘少奇显得信心十足。他笑着说："是呀，任务是很艰巨，面临的形势也很严峻。可是，不入虎穴，焉得虎子。现在我们有抗日民族统一战线的正确方针，一定能在白区的工作中打开局面的。"

陕北梁峁交错，沟壑纵横。刘少奇一行为了安全起见，常常避开川道大路，选择山间小道行走。除夕之夜，他们来到陕甘边区的一个村庄。刘少奇决定在这里过年，安排同志分头买菜打酒，大家围坐在一起吃年夜饭。刘少奇不时地与大家说笑，在尽情的欢乐中迎接新春的到来。

1936 年 2 月初，他们到达套筒原，这里是苏区与白区的交界地带，再往前走，就将进入国民党统治区了。为了预防万一，刘少奇决定把党组织交给的活动经费变通一下，把仅有的那点金子打成一对金镯子、一条金项链、一个皮带扣和一个金鞋拔，这样既便于携带，又可免去不必要的麻烦。

进入白区后，刘少奇一行经常遇到国民党官兵的盘查，但都被刘少奇巧妙地应付过去了。过了临潼，刘少奇决定到新丰火车站乘火车到天津。他们刚到新丰火车站坐定，就遇到一名警察的盘问："到哪里去？"

"到郑州。"刘少奇镇定自若地答道。

警察扫了刘少奇几眼，转身问刘少奇身边的那位护送人员："你呢？到哪里去？"

“去看我儿子。”那人随口答道。

“你儿子在哪里？”警察又问道。

“我儿子在白军里。”那人脱口而出。

刘少奇一听，心里“咯噔”一下。在国民党统治区，“白军”是一个很刺耳的字眼，因为只有苏区的老百姓才将国民党军队称作“白军”。刘少奇生怕引起那个警察的怀疑，他在思考着怎样应付有可能出现的麻烦。

好在那名警察也并没有留意，转身又去盘问其他人去了。

那位护送人员也感觉到刚才的回答不妥。刘少奇安慰说：“事情已经过去了，就不要后悔了。不管遇到什么人和什么事，都不要紧张。不过以后得引起注意。不要忘了，我们现在是在白区，要时刻注意自己的言行。”

又经过数天的艰苦旅行，刘少奇终于到达天津。一到天津，便想尽快与当地的党组织取得联系，以便迅速投入工作当中。他首先需要对华北党组织的状况和抗日救亡运动的形势进行深入调查。

不久，一位知识分子模样的人手拿一卷报纸来到刘少奇居住的门前，看清了门牌号，轻轻敲了几下。此时，刘少奇正在房间里踱步，急切等待着地下党组织派人来接头。听到有人敲门，急忙开门迎客。

“您是胡先生吗？”来人问道。

“是的。”刘少奇一面回答，一面瞟了一眼来人手里的报纸。这是一张用于接头的天津《益世报》。

“我是李先生介绍来的。”来人又说道。

刘少奇点点头，把客人让进房间。客人又把带来的《益世报》放在桌子上。按照事先约定的暗语暗号接上关系后，两人都会意地笑了起来。

担任北方局书记的刘少奇（1937年）

刘少奇当时化名胡服，来客是中共

河北省委秘书长王林。

刘少奇急于了解情况，先后让王林两次来这里汇报工作。而每次王林来汇报时，总是不能打消自己心中的疑问。他以前从来没有听说过胡服这个名字，这位新来的中央代表究竟是谁呢？刘少奇似乎也意识到了这一点。为了让王林放心，在第二次汇报结束后，他用手指在桌子上写了“刘少奇”三个字。王林一看，十分惊喜地站起来：

“您就是刘少奇？这下可好了，您来了，我们北方的党组织有希望了！”

刘少奇从王林的汇报中意识到，他所面临的形势比来时的预想要严重得多。

国民党统治下的天津，为白色恐怖气氛所笼罩。共产党的活动非常困难，党的负责人只能通过秘密电台与地下交通员单线联系，随时面临坐牢杀头和组织被破坏的危险。

由于“左”倾路线的危害，华北地区的党组织受到了严重损失。刘少奇写给党中央的报告中介绍了当时的情况：“我们在白区除开保存了党的旗帜而外，其他的东西是很少保存下来的，党的组织是一般没有保存下来，仅仅在河北还保存了一个省委组织，若干城市与农村中的地方组织和数十个中下级干部。”

经过调查研究，刘少奇发现，遵义会议以后党中央确立的正确路线还没有在白区的党组织中进行传达，对白区工作的经验教训没有进行系统的总结。关门主义和冒险主义是目前党在白区工作的主要危险。针对白区工作存在的问题，刘少奇写了《肃清关门主义与冒险主义》《关于白区职工运动的提纲》等重要文章，从思想上、理论上系统总结了白区工作的经验教训，提出了今后工作的策略方针。

刘少奇强调，必须确立从长期着眼，积蓄革命力量的方针。针对当时的形势，他指出，应该推动敌人内部矛盾的激化，同敌人营垒中可能与我们合作的成分或者今天还不是我们主要的敌人建立暂时的联盟，去反对主要的敌人，以削弱敌人反对我们的总的力量，破坏敌人反对我们

的联盟。

在实际工作中，刘少奇很注意白区工作的特点，并注意及时纠正工作中存在的问题。

有一天晚上，刘少奇正同天津市委书记林枫谈工作，忽然进来一位女同志。林枫向刘少奇介绍道："她是小郭，也在天津市委工作。"

刘少奇问道："她到哪里去了？"

林枫在一旁回答说："她刚从女工夜校教课回来。"

刘少奇听后，沉思片刻，说："这样不行。在目前的环境下，公开工作和秘密工作要绝对分开。过去就因为秘密工作和公开工作混在一起，所以党组织经常遭到破坏。以后她不要再去教书了。"

林枫觉得刘少奇的话在理，就虚心采纳了他的意见。

从这以后，小郭离开了女工学校，专心做党的秘密工作。

1936 年 2 月 20 日，国民党政府颁布《维持治安紧急办法》，规定当局可以解散抗日救亡团体，可以逮捕甚至枪杀爱国分子。因此，经常提醒党员干部和爱国青年学生注意斗争方式，保存革命力量，便是刘少奇到华北后工作的重要内容之一。然而，天津《大公报》的一条题为《北平学生抬棺游行，警队弹压略有冲突》的报道，使他陷入了深思，他既为学生的感情用事而感到不安，也深感"左"倾冒险主义的影响之严重。他决定利用这一典型事件，对党员和干部从思想上进行一次斗争策略和工作方法的教育。

反动法令颁布后，仅北平一地，就有 200 多名爱国学生被捕入狱。年仅 18 岁的北平高级中学学生郭清被捕后，在狱中遭到严刑拷打致死。临死前，郭清面对打手，说："我决不怕死，因为我的牺牲是有价值的。我是中国人，我必须救中国。"

不久，郭清惨死的消息传到北平各学校，学生们愤怒了。有的学生说：我们不是绵羊，我们不能任人宰割。我们中的一个战友被敌人残杀，我们要争取斗争的机会，我们要表示复仇的决心。学生运动中的"左"倾情绪就这样渐渐蔓延。而且，北平市学生联合会决定于3月31日在北京大学三院礼堂为郭清举行追悼大会。而此时的中共北平市委主要负责同志对白色恐怖形势的严重程度估计不足，同意了这一计划。

3月31日，北平天色阴沉。强烈的西北风在街道狂呼，连门窗都发出刺耳的碰撞声。上千名学生运动积极分子早早来到北京大学。追悼会现场摆放着许多吊唁的花圈和挽联，显得庄严肃穆。平津学联送来一条白色横幅，上书"郭清今日不死，为民族而奋斗，虽死犹生！"灵柩置于礼堂正中央，前面挂着郭清的遗像，分外醒目。

追悼大会开始后，先由学生联合会主席致辞，再由学生代表宣读祭文。这一刻，会场的气氛更加沉重，表达爱国青年学生心声的祭文在礼堂里回荡。

"我们要把血淋淋的事实大声告诉全世界，我们要清算这笔血账。"

"我们只有沉痛的愤怒，像火一样烈，海一样的愤怒和仇恨……"

突然间，一名学生跑进来，大声喊道："警察来了，警察把大门封锁了。"

听到警察限制他们自由出入的消息，学生们更加愤怒了。有人提议："为了追悼郭清和巩固我们的精神，我们干脆抬棺游行。"这一提议马上得到大家的响应。参加追悼会的学生便抬起棺材，冲到大街上游行。

然而，不幸的事情又发生了。当游行的队伍来到南池子附近时，突然遭到大批军警的袭击，游行队伍被打散，一百多名学生被打伤，四十多名学生被捕。被捕的学生中，有北平学联负责人黄华、北大学生会负责人谢云晖、清华大学党支部负责人赵德尊等。此外，还有多名学生运动负责人因参与组织追悼会和游行而遭校方开除。从此，一些学校的学生会被迫停止活动，学生的爱国救亡运动一度陷入困境。

刘少奇认为，这次事件虽然显示了北平爱国青年崇高的救亡激情和不屈不挠的斗争精神，但却暴露了革命的骨干力量，这些骨干是平时反动分子费尽心机也抓不到的。在白色恐怖笼罩下，党要集聚这些力量是多么的不易呀！

4月5日，刘少奇写信给北平的同志，总结北平学生“三三一”抬棺游行的教训。他在信中说：“正当敌人想尽一切办法来进攻爱国人民的时候，处于防御地位的爱国阵线，应当暂时避免和敌人进行决定胜负的战斗；在这时，鼓励少数先进分子，向敌人做冒险的进攻，结果会招致敌人更残酷与更野蛮的进攻，使自己陷于更加孤立的地位，使建立统一战线的事业受到损害。”

刘少奇指出：像抬棺游行这样的行动，“如果再有一次以至几次的话，在敌人严重进攻之下，会使一切民众的爱国组织完全不能公开。会使他们完全脱离广大群众，使许多组织塌台，使许多同志和先进的爱国志士被捕被杀，使汉奸法西斯蒂夺到‘爱国运动’的领导地位来窒杀爱国运动。最后只能剩下你们几个布尔什维克在秘密的房子内去‘抗日救国’。这里还有什么‘统一战线’？这是怎样明显的脱离群众的关门主义！这不单单是错，而是罪恶啊！”

刘少奇在信中还指出：这种关门主义与冒险主义错误，在党内“是有长久历史的”，所以，这种错误不应该由平津地下党组织负责。事实上，大批学生运动的骨干都是新党员，他们不了解过去的“左”倾错误路线给党的事业和党在白区的工作造成了多么重大的损失。

刘少奇认为，郭清是因参加抗日救亡运动被反动派逮捕并遭严刑拷打致死的，不但应该追悼，还应该利用这件事来激发群众抗日反汉奸的情绪。但采取的方式不妥，追悼活动完全可以采用公开的方式来进行，设置灵堂后可以让社会各界人士自由致祭送挽。如果开追悼会，可以请学校当局和著名教授讲演。这样做，就会引起社会各界的同情，反动当局也不敢公开镇压。

刘少奇的这封信一扫过去那种充满火药味的观点，实事求是，以理服人，收到了很好的效果。中共北平市委从这一事件中吸取教训，他们按照刘少奇提出的要求，做了许多善后工作。如把平津学联改组为平津学生救国联合会，北平学联也更名为北平市学生救国联合会，并发表宣

言，检讨过去的错误，提出要以新的姿态和新的路线来开展学生运动，“把一切的学生都组织起来”，爱国学生运动在抗日民族统一战线的旗帜下逐渐恢复。

与此同时，刘少奇更加重视华北地区党的工作。他以中央代表的身份提出华北地区党的工作方针是：坚持党中央“停止内战，一致抗日”的总口号，准备自己，组织群众，联合一切愿意抗日的党派和阶层，实行党的抗日民族统一战线的新政策。在他的领导下，曾遭到反动当局破坏的华北地区党组织相继得到恢复，华北各界的救国联合会也相继成立，华北地区掀起了各界联合的抗日救亡运动新高潮。

1936年夏季，华北形势发生了重大变化。日本方面借口“共同防共”，在不断增兵华北的同时，还强迫中国人为他们修建军事设施。而当军事设施完工后，日本侵略者竟残忍地杀害施工人员，抛尸荒郊野外和河渠之中，引起了中国人民的极大愤慨。

刘少奇密切关注着事态的发展，决定抓住这个时机，组织平津学生进行抗日游行示威，进一步唤起民众，打击日本侵略者的气焰。

为防止出现类似北平“抬棺游行”的后果和其他意外的发生，中共天津市委对游行示威的时间、游行队伍经过的线路和游行时呼喊的口号，都做了精心安排，天津市学生联合会特地设立了两个游行总指挥部，一个是秘密的，以便及时有效地组织领导学生，另一个是公开的，以便应付反动当局。

在刘少奇的亲自指导下，天津市的爱国学生运动开始了。1936年5月28日，天津各学校的学生按照预定的计划集中起来，分两路进行抗日游行示威。他们满怀爱国热情，一路高呼口号：

“反对日本增兵华北！”

“停止内战，一致抗日！”

当游行队伍遭到军警阻拦时，学生们高呼：

“中国人不打中国人！”

“欢迎爱国军警参加抗日！”

游行过程中，不时有学生发表爱国演说，控诉日本侵略者屠杀中国人民的罪行。当游行队伍经过位于海光寺的日本驻屯军司令部时，少数情绪激动的学生想要冲进日租界，马上被负责纠察的学生劝阻了。

天津学生的爱国行动在全国引起了强烈反响。北平学生率先起来响应。清华、北大、燕京等学校的学生先后举行罢课，反对日本增兵华北。在平津学生运动的影响下，国民党内也开始发生分化，一些上层人物也有了不同程度的抗日要求。如与蒋介石主政的南京国民政府有矛盾的两广实力派也在6月初发动“两广事变”，他们发表通电，宣布要“北上抗日”。

随着斗争形势的发展，刘少奇进一步提出了“争取武力到抗战方面来”的任务，其争取的主要对象之一，便是当时主政华北的宋哲元及其指挥的国民党第二十九军。

宋哲元原为冯玉祥旧部。中原大战后，冯玉祥的西北军瓦解，保留最为完整的就是第二十九军。宋哲元依附蒋介石后，时常提防二十九军被蒋介石吞并或改编，因此，与蒋介石的南京政府存在矛盾。二十九军依然保留着西北军的一些传统，士兵训练有素，有一定的战斗力。九一八事变后，日军进犯长城各隘口时，宋哲元曾率部进行长城抗战，喜峰口之战，打出了中国军队的士气，宋哲元也因此成为抗日英雄而受到全国各界的赞扬。他曾担任察哈尔省主席和平津卫戍司令之职，1935年底，冀察政务委员会成立，宋哲元担任委员长。日本侵略者看到宋哲元掌握了北平、天津、河北及察哈尔的军政大权，不断对其威胁利诱，企图利用宋哲元与蒋介石之间的矛盾实现华北“自治”。

刘少奇注意到，掌握华北军政大权的宋哲元虽与日军关系暧昧，但在全国各界抗日救亡运动的影响下，昔日的抗日英雄还不至于卖国当汉奸。根据党中央的指示，开始了争取宋哲元的工作，极力推动宋哲元走向抗战阵营。

事实上，就在5月28日天津学生举行抗日游行时，日本华北驻屯军曾要求宋哲元派军队镇压，宋哲元拒绝了这一无理要求。他公开表示，天津学生游行事件，没有出现越轨的行动。宋哲元还警告日本，如果胆敢继续增兵华北，步步紧逼，他将率领二十九军将士实行抗日。

宋哲元虽与蒋介石有矛盾，并曾有过抗日的经历，但他毕竟是国民党将领，也曾动用军警镇压过学生的爱国运动。因此，争取宋哲元必须讲求策略。针对学生游行时，曾有人高喊“打倒冀察政务委员会！”和“打倒卖国贼宋哲元！”的口号，刘少奇就提醒学生联合会负责人：“要看到宋哲元转向抗日的可能性，呼口号也要讲求策略，学生应该改喊：‘拥护二十九军抗日！’和‘拥护宋委员长抗日！’”

刘少奇争取宋哲元抗日的做法，得到了中央的支持和鼓励。在党中央负总责的张闻天在给刘少奇的信中指出：“军队中特别是二十九军中的工作，现在特别重要，我们应该用最大的力量去进行。应该从学生中或其他同志中调出同二十九军的官兵有关系的去同他们接近，坚持向他们做抗日的宣传鼓动。特别要抓住官长中的工作，要有一定的人同一定的官长发生良好的关系。”毛泽东在给刘少奇等的信中强调：“必须向宋（哲元）及二十九军继续工作。”

根据中央领导人的指示精神，刘少奇指导北平地下党组织，通过各种方式，对二十九军官兵进行抗日救国的宣传。北平一些学校的学生参加了二十九军在西苑的军事集训，学生联合会还指派一些有特长的学生去教二十九军官兵打球，教他们唱歌，并同他们进行联欢，激发他们的爱国热情，收到了很好的效果。二十九军的爱国官兵耳闻目睹了学生们的抗日救国运动，抗日情绪日益高涨。在“拥护二十九军抗日”和“拥护宋委员长抗日”口号的影响下，宋哲元的态度有了很大的变化。

1936 年 9 月 18 日，北平学生开展纪念九一八事变 5 周年活动。同一天，二十九军驻丰台一个连的士兵与日军发生冲突。迫于日军的压力，宋哲元命令该部暂时撤离丰台。学生们得知这一消息后，马上动员了数万名群众，夹道欢迎二十九军的官兵，盛赞他们的抗日行动。宋哲元见到学生

代表时明确表示：“决不做汉奸。”

11 月，宋哲元组织二十九军官兵到北平的红山口和河北的固安进行军事演习。北平学生联合会得知这一消息后，组织了一个团体前去参观慰问，学生们不时高呼“拥护二十九军抗日”的口号，并赠送了一面“拥护二十九军保卫华北”的锦旗。参加演习的官兵深受鼓舞。

12 月 12 日，北平学生举行游行示威。一支游行队伍在西单北槐里胡同行进时，迎面开来一辆小轿车，有学生认出这是宋哲元的汽车，学生们立刻围了上去。车停后，学生们往车里递进一张传单。宋哲元打开传单，上面写着“拥护宋委员长抗日”的字样。宋哲元看到传单上的内容，脸上露出了几丝喜色，也理解了学生们的良苦用心。

就在这一天，西安发生重大事件。张学良、杨虎城发动兵谏，扣押了在这里督导“剿共”的蒋介石。

“号外！号外！”

1936 年 12 月 13 日清晨，报童稚嫩、尖利的叫卖声打破了清晨的宁静，也惊动了位于天津市英租界内广东路福荫里一号的女主人。她赶忙扔下手中的活计，从报童手里购买了一张当天的早报。这位女主人是中共天津市委书记林枫的爱人郭明秋，此时担任着刘少奇的译电员。

“老林，快来看，张学良、杨虎城在西安把老蒋给扣住了！”郭明秋急匆匆告诉刚刚走进家门的丈夫林枫。

林枫一把抓过那张报纸，匆匆看了一眼，说：“我得赶紧将这一消息告诉老戴。”

“老戴”就是刘少奇。自刘少奇主持北方局工作以来，这里的工作迅速开展起来。林枫作为他的主要助手，参与了许多重大事件的决策。

刘少奇听到西安事变爆发的消息，没有即刻表态。他点燃一支烟，静静地思考了一会儿，转过头来对林枫说：“我们现在马上回去，你注意收集各方面的反应，我们一定要沉住气，等候中央的指示。”

郭明秋原本利用在工人夜校教书的掩护从事党的地下工作。刘少奇来到天津后，认为这样太危险，决定让她担任译电员的工作，负责收发中央及各方来电。除非特殊情况，刘少奇一般不会亲自到林枫家里去看电报，但这一次是特殊的例外。

到了林枫家里，郭明秋告诉刘少奇："现在中央还没有来电报。"

刘少奇听后，紧锁着眉头。他点燃一支烟，不停地来回踱步。他在思考着：中央为何迟迟不来指示？中央的政策是什么？北方局下一步的工作如何开展？

刘少奇突然止住脚步，问林枫："你们如何看待这件事？"

"把那个'该死的'（蒋介石）杀了算了！留着也没什么用，还净反共不抗日！"心直口快的郭明秋抢着说。

"事情恐怕没这么简单……"刘少奇看着林枫，等他说话。

"我走遍大街小巷，一般群众、知识分子、进步青年，还有我们的党员，一听到蒋介石被捉的消息后，都高兴坏了，都要求把他杀掉解恨。"林枫说。

"那你的意见呢？"刘少奇问道。

"我们党在大革命时期就同国民党合作，但由于以蒋介石为首的国民党右派叛变革命，我们党蒙受了重大损失。接下来就是打内战，蒋介石'剿共'、'灭共'之心不死，我们存在一天，他就不安一天。应该说，我们党与蒋介石之间是敌人、死对头，不应该对反动派讲情面。况且，他的国民政府在这十年里杀了多少共产党人和革命群众！血债要用血来还！落得今日下场，也是他罪有应得！"林枫激动地说。

显然，林枫夫妇的意见是一致的。他们希望从刘少奇那里得到令他们满意的答案。

然而，刘少奇仍旧坐在椅子上，一言不发。他沉思了半晌，站起来，静静地说："还得看看……"

然后，他一转身，走了。

刘少奇的这种沉稳和冷静，不为别人所理解。从林枫接连几天收集到

的情况显示，不少进步知识分子和中共党员，都认为在西安事变这么重大的事件已经发生多时，革命群众情绪日益高涨的情况下，刘少奇主持的中共北方局依旧保持沉默，这对工作很不利，是不对的。已经有人对北方局表示不满，甚至说了一些不中听的话。

林枫将这些情况向刘少奇汇报时，刘少奇只是静静地听着。听完汇报后，刘少奇挪动了一下身体，深深地吸了一口烟，郑重地说：

“我们个人受到批评，甚至受点委屈也没有什么的。眼下，我们还是什么也不能说，沉默比说了好。我们还是要等党中央的电报指示，因为中央知道全局。如果我们发表了与党中央不一致的意见，必然造成思想上和舆论上的混乱，与其乱了再纠正，不如现在保持沉默。等党中央的指示来了，我们按照中央的指示办，这样更稳妥。”

12 月 14 日，中共中央书记处致电刘少奇：西安事变后，我们一方面发动群众支持张学良等人的抗日要求，要求南京政府停止内战，转向抗战；另一方面，我们还不要同南京政府处于对立地位，仍应采取督促与推动他们中的抗日派及中间派走向抗日。

刘少奇接到来电后，仍没有表态，只是按照来电的精神做了一些具体布置，因为中央还没有对事件本身做出明确的指示方针。

12 月 19 日，中共中央发出了《关于西安事变及我们的任务的指示》，指出我党处理西安事变的基本方针是：“反对新的内战，主张南京与西安间在团结抗日的基础上，和平解决。”

接到党中央的指示后，刘少奇长出了一口气。认为党中央从全民族团结抗战的大局着眼，可谓高瞻远瞩。他立刻按照中央的指示精神展开工作：找党内同志谈话，解释中央的方针；布置平津等地党组织派人到各界各派中搞好统战工作。

由于中央决定的方针出乎不少人的预料，很多人流露出不满的情绪。要贯彻指示精神，需要做大量的说服解释工作。

刘少奇指出，各方面人士不了解中共中央的意图，有这种情绪，是

可以理解的。国共对立打内战已有十年之久，国民党杀害了那么多同志和革命群众，毁掉了我们的苏区，全国到处是白色恐怖，人们对蒋介石有切齿之恨，要求杀蒋也是很自然的。然而国民党内部也是矛盾重重：张学良、杨虎城实行兵谏，是要逼蒋抗日；而亲日派何应钦却是想借此攻击西安，趁乱置蒋介石于死地。现在，我们中华民族的主要敌人是日本帝国主义和汉奸卖国贼，我们要争取建立广泛的抗日民族统一战线，从抗日大局出发。因此，和平解决西安事变不仅对我们有利，也有利于全民族抗战的大局。

对刘少奇的这番话，听者无不佩服他的洞察力和分析能力，表示对中央和平解决西安事变的决定完全赞同。思想问题解决后，广大党员干部以愉快的心情投入到实际工作中去，华北地区的统战工作顺利展开。

1937 年春，蒋介石命令宋哲元把二十九军撤退至保定。宋哲元接到命令后犹豫不决。刘少奇得知消息后，亲自起草了主张抗日救国的三条意见，通过二十九军的一位参谋处长送给宋哲元。宋哲元看了刘少奇的意见后，觉得很有道理，遂决定部队暂不撤离平津。

刘少奇到中共北方局工作的时间里，不负重托，成绩卓著，为转变党在白区的工作立下了汗马功劳。他正确贯彻执行了党的抗日民族统一战线政策，不仅大刀阔斧地纠正了白区工作中存在的关门主义、冒险主义倾向，提出了开展白区工作的一系列策略方针，而且在争取宋哲元转变态度和推动二十九军转向抗日方面，起到了极大的推动作用。

十九、指导冀东暴动

冀东系指河北省东北部地区，包括通县、顺义、怀柔、密云、昌平、平谷、三河、香河、蓟县、宝坻、宁河、兴隆、遵化、玉田、丰润（含今丰南）、滦县（含今滦南）、迁安（含今迁西）、乐亭、昌黎、卢龙、青龙、抚宁以及今唐海等30多个市、县，当时旧行政区划为22个县。

冀东是连接东北与华北的咽喉地带。日军占领东北后，开始向关内渗透，占领了冀东，并扶植汉奸殷汝耕在通县成立了伪“冀东防共自治政府”。1937年8月，这个傀儡“政府”由通县搬到唐山。次年1月，明令唐山改镇为市。日军利用这个傀儡政权把冀东变成他们吞并全中国的军事跳板和前哨站。

时任中共北方局书记的刘少奇认为，冀东不同于华北的其他区域，它既是一个战略要地，又是交通要道。日军占领冀东后，实行残酷的政策，冀东人民不堪忍受敌伪政权的奴役，有强烈的抗日要求。他按照中共洛川会议上毛泽东提出的“红军可以一部于敌后冀东，以雾灵山为根据地进行游击战争”的战略计划，积极指导冀东地区的革命斗争。

9月间，八路军东渡黄河，开始了开赴华北前线作战的各项工作。刘少奇意识到华北有全部沦陷的危险。平津失陷前后，中央和北方局就曾酝酿在平绥、平津以东地区着手组织建立抗日义勇军，准备进行艰苦的游击战争。洛川会议后，为适应战争的需要，党中央将中共河北省委一分为二，一个是平汉线省委，机关驻石家庄，一个是敌后河北省委，机关驻天津。这期间，刘少奇领导北方局认真讨论了华北游击战争问题，决定在冀东迅速发动抗日武装起义，以配合全国的抗战，坚持游击战争，并把冀东（平津在内）划为华北九个游击战略区之一。

为实现这一战略目标，刘少奇于1937年9月底写信给河北省委，要

求不失时机地抓紧准备冀东抗日武装起义，他在信中强调，党的工作重点要放在农村，动员干部和党员去农村，并尽量去平津周围的农村，宣传党的抗日主张，准备发动冀东游击战争，配合八路军建立以燕山山脉为中心的抗日根据地。为此，刘少奇把当时担任敌后河北省委书记的李运昌调回冀东，任冀热边特委书记，着手组织发动冀东抗日暴动和抗日游击战争，省委书记一职由马辉之接任，吴德任组织部长，姚依林任宣传部长兼省委秘书长，林铁任军事部长。

为配合冀东抗日大暴动，1938年2月初，毛泽东电示八路军总部和晋察冀军区，做好组织部队挺进冀东的准备。3月6日，朱德、彭德怀指示八路军一一五师邓华支队由平西向怀柔、顺义、延庆、昌平一带进发，为深入冀东创造有利条件。4月1日，八路军总部又令八路军一二〇师宋时轮支队与邓华支队接近。4月20日，刘少奇和毛泽东、张闻天又在《关于巩固与扩大晋察冀根据地指示》中提出，晋察冀军区可分出一部分兵力“向冀东、热边发展”。5月1日，刘少奇又电示聂荣臻，要求晋察冀军区立即派出部队，坚持在冀东创立根据地。根据这些指示，5月底，宋时轮和邓华两个支队在宛平县会合，整编为八路军第四纵队，由宋时轮任司令员，邓华任政治委员，随即挺进冀东。

刘少奇认为在冀东发动游击战争的任务是艰巨的，必须有充分的准备才能行动。所以，他指示河北省委“应集中力量去加强与布置冀东工作”。根据刘少奇的指示，河北省委专门进行了深入研究，决定从北平、天津等大城市动员共产党员、青年学生到冀东农村发动群众，举办游击队干部训练班，把经过培训的骨干分派到冀东第一线。随后，又派唐山党工委书记周文彬等去开滦煤矿组织矿工罢工，并将罢工由经济斗争发展为政治斗争，引导工人举行武装暴动，组织工人纠察队，掌握一支武装力量，支援冀东游击战争。北方局还派参加过长征的老红军、原红四方面军的团政委李润民、营长孔庆同等四名军事干部到冀东参加暴动的军事指挥工作。这期间，刘少奇还从冀东抽调几十名党员干部去晋察冀边区学习游击

战争。

为扩大抗日力量，取得冀东暴动的胜利，刘少奇要求在组织下层群众斗争的同时，积极开展上层统一战线工作。他认为，争取冀东各种抗日力量，应与各方面协商，组织一个包括各武装部队、政权机关与群众团体在内的机构，统一领导冀东的抗日事宜。

根据这一精神，河北省委于1937年9月将抗战前夕成立的“华北各界抗日救国联合会”改称为“华北人民武装自卫委员会”（简称“自卫会”），向国民政府备案并取得合法地位，后又组织了冀东分会，主任由中共冀热辽特委书记李运昌担任。我党通过这个组织去联系各个党派和各种武装力量，推动其上层分子抗日。冀东分会邀请冯玉祥旧部洪麟阁、河北工学院著名教授杨十三等参加自卫会的领导工作。刘少奇指示，对地方民团要注意争取、教育和改造，以扩大我们的抗日武装力量。经过耐心细致的工作，地方民团和保安队头目高志远、陈宇寰等倒戈抗日。

1937年12月，自卫会冀东分会在滦县召开了京东10县抗日人民代表会议，决定立即组织游击队，开展游击战争。次年5月，自卫会在天津召开会议，决定组建冀东抗日联军司令部，任命高志远为司令，洪麟阁、李运昌为副司令，统一指挥抗日暴动队伍。

1938年3月中旬，刘少奇奉命从华北抗日前线返回延安后，仍继续指导北方局的工作。4月间，刘少奇急电敌后河北省委，命令马辉之到延安汇报冀东暴动的准备工作。5月下旬，马辉之到达延安。汇报会由张闻天主持，刘少奇和张浩参加。刘少奇在听取汇报后，讲了以下几点意见：一是起义的准备是好的，但冀东是一个战略地位十分重要的地区，敌人是决不会轻易放弃的；二是中央已派邓华、宋时轮率部队挺进冀东，起义的时间要以八路军到达的时间为准；三是起义后，河北省委撤销，马辉之、姚依林到根据地去，要以八路军为主，坚持冀东抗日游击战争，建立以燕山山脉为中心的抗日根据地，并在根据地建立我党领导下的抗日民族统一战线的民主政权。会后，刘少奇要马辉之尽快返回河北，贯彻中央指示。

暴动前夕，刘少奇反复强调“冀东游击战争的发动应取得晋察冀边区八路军的直接帮助”。根据刘少奇的这个指示，河北省委曾派华北自卫会党团书记李楚离去阜平向晋察冀军区汇报冀东群众发动的情况，时任军区司令员的聂荣臻请李楚离转告省委，晋察冀军区已令邓华率部抵平西活动并准备挺进冀东，配合地方武装发动暴动，河北省委可派人去同邓华商量东进计划和武装起义的问题。4 月间，河北省委又派李楚离找邓华商定，在主力挺进冀东的时候，冀东举行抗日武装起义。计划很快得到刘少奇的批准。

6 月 21 日，八路军第四纵队到达蓟县。同一天，中共中央给河北省委发出《关于动员冀东人民配合宋时轮、邓华部队作战的指示》，要求冀东党组织和广大群众及一切地方武装援助宋、邓部队，配合作战。6 月下旬，华北自卫会冀东分会在丰润县田家湾子召开会议，通过了河北省委提出的起义行动纲领，并确定 7 月 16 日为武装起义的日期。但到 6 月底，日伪获悉了暴动计划，开始收缴散落在民间的枪支弹药，迫于形势，暴动不得不提前举行。

7 月 6 日，由共产党领导的 300 多名抗日骨干在滦县港北率先宣布起义，打响了冀东暴动第一枪。随后丰润岩口，蓟县三河、邦均，遵化地北头等地相继起义。7 月 18 日，开滦煤矿工人在周文彬、节振国的领导下举行武装暴动，抗日怒潮很快席卷冀东 22 个县和开滦矿区，直接参战 20 万人，其中有 10 万人的武装力量。起义队伍先后攻克了 9 座县城和几十个集镇，共组建了 11 个县级抗日民主政权，敌占区的铁路交通、通讯线路也被毁坏。群众抗日热情空前高涨，冀东大地燃起了抗日武装起义的烽火，暴动后的中心地带在冀东的滦县、丰润、玉田、迁安、蓟县等，参加暴动和暴动波及的还有兴隆、卢龙、抚宁、宝坻、宁河、三河、平谷、密云、顺义、香河、通县、青龙、武清等县和开滦矿区。这次参加暴动的有工农基本群众、各阶层爱国人士和各党派武装力量，可称为冀东全民抗日大检阅，是敌后战场的伟大壮举。

冀东暴动规模之大，范围之广，威力之迅猛，完全出乎日伪军所料。日军及汉奸武装猝不及防，遭受沉重打击。据统计，这次暴动共歼灭日伪军有生力量3000多人，牵制日军10000多人、伪军近30000人。同时，在战略上形成了防御作战中局部突击进攻的态势，迟滞了日军速战速决的战略企图，为支援全国抗战、迎接战略相持阶段的到来做出了重要的贡献。

冀东暴动开始后，各种媒体在数日内连续报道冀东暴动的情况，冀东抗日暴动的消息很快传遍全世界，不但扩大了中国共产党及其领导下的武装力量在国际上的影响，还在客观上支援了世界反法西斯战争，起到了提振世界各国人民抵抗法西斯侵略士气的作用。

冀东暴动后，日军立即从关外增兵冀东，并在昌平、顺义、通县、密云、三河一线形成合围，企图以优势兵力压迫暴动队伍于蓟县北部加以聚歼。

刘少奇密切关注着冀东暴动队伍的每一步行动。7月8日，刘少奇对起义部队的行动方向作了具体指示：一是冀东我军更须用更敏捷的行动，向敌人力量较弱、我党力量较强的迁安、遵化、卢龙地区扩大活动；二是多派小部队破坏北宁等交通线及通讯联络；三是在长城口外建立根据地，必须将长城各口放在我们的控制之下，粉碎敌人的聚歼计划；四是平西部队配合行动，以牵制北平日军，使其不能向冀东转移。

1938年7月8日，刘少奇和毛泽东联合打电报给聂荣臻、彭真，通报了冀东抗日暴动及冀东游击队活动的情况，要求晋察冀军区速令宋、邓部队向起义地区活动，以便帮助和配合起义部队作战。8月6日，刘少奇又电示八路军第四纵队，应先在蓟县、平谷、密云一带加紧工作，创立根据地，然后再逐渐向东南伸展。8月15日，刘少奇发出《关于速令宋时轮、邓华派部队和干部去冀东致聂荣臻、彭真电》。按照这些指示，八路军第四纵队宋时轮一部在蓟县、平谷、密云一带活动，与西部起义队伍会合，邓华率部向东伸展到遵化、丰润、迁安等地。8月中旬，八路军四纵队在遵化县铁厂镇与冀东抗日联军胜利会师后，召开联席会议，决定成立冀察

热军区和冀察热边区行政委员会，公举宋时轮为军区司令员，统一了军事指挥和政权领导，暴动达到了鼎盛时期。

为巩固暴动的胜利成果，9月10日，刘少奇和毛泽东、朱德、王稼祥致电聂荣臻并宋时轮、邓华，为确保冀东游击队迅速正规化，并转变为八路军作风起见，宋、邓部队似应以团营为单位，分散到各区与各游击队合编作为基干，各分区正、副司令亦应以八路军干部及当地干部共同担任为好，其目的是坚持游击战，开辟根据地，站稳脚跟。

9月中旬，传来日伪军将要“围剿”冀东暴动队伍的消息。有人认为现有暴动队伍的力量不足以应付敌人的进攻，主张向平西撤退。刘少奇和北方局已察觉部队西撤的意图后，连续下达指示，强调在冀热边区创造抗日根据地有极重要的战略意义，并且深刻指出，只要八路军与地方党团结一致，和地方游击队紧密合作，并执行正确的政策与战略战术，创造冀热边根据地是完全可能的。9月26日，刘少奇与毛泽东、朱德、彭德怀联名发出指示，着重强调必须以高度的革命精神去克服困难，创建冀热察根据地，“只有到万不得已时才可率主力向白河以西转移”。

但少数领导人认为冀东的形势已经到了“万不得已”的时候，所以决定西撤。10月17日，刘少奇急电河北省委，明确指出“不同意总退却”。刘少奇指出：“冀东游击队四五万人一起西退，是很不妥的计划。”

但收到这个指示时，冀东暴动部队已大部西退，结果在西撤途中受到日伪的围追堵截，遭受到了重大损失。

1939年2月，冀东暴动队伍在平西经过整顿，正式组建了冀热察挺进军，由萧克任司令员，统一指挥冀东、平西、平北地区的抗日游击战争，经过长期的艰苦努力，终于实现了刘少奇和中央所期望的创建冀热辽抗日根据地的目标。这个根据地不仅成为全国19个主要抗日根据地之一，还成为日军投降后我党收复东北的前哨站。

二十、领导山西抗战

刘少奇一直认为，大规模的抗日战争，没有军队的参加是不可能的。除了争取国民党地方实力派外，利用国民党地方实力派的地盘和武器，组织共产党掌握的武装力量进行抗日是一种不错的选择。

山西是国民党地方实力派阎锡山苦心经营多年的势力范围。阎锡山与蒋介石有矛盾，能否利用蒋、阎之间的矛盾，组建一支中共领导下的抗日武装力量，是中共中央北方局领导贯彻落实瓦窑堡会议、建立抗日民族统一战线的需要。“山西青年抗敌决死队”便是这样一支实际上受中国共产党领导的抗日武装力量。而这支武装力量的成立与发展倾注了刘少奇的大量心血。

这支以“山西青年抗敌决死队”为骨干的山西新军，是中共山西省公开工作委员会（中共山西省公开工作委员会是根据北方局决定成立的，以薄一波同志为书记。北方局规定它的工作范围，只做公开工作、合法工作，不发展党员，不与中共山西临时工委发生横向的组织关系，直接接受中共中央北方局领导）决定，薄一波以牺盟会（山西牺牲救国同盟会，简称牺盟会）负责人的资格向阎锡山倡议建立的，名义上归属于山西地方实力派阎锡山，实际上一直受我党领导。

山西新军的诞生不是偶然的，它是当时政治军事斗争形势的产物，是中共山西省公开工作委员会在特殊条件下，以特殊的工作方式正确地执行了抗日民族统一战线策略的成果。

九一八事变后，日本侵略者步步进犯，直逼华北，民族危机到了十分严重的地步，这不能不引起国内各阶级各政党关系的新变化。1935 年，我党中央在长征途中，提出“停止内战，一致抗日”的总口号。到达陕北后，党中央在当年 12 月瓦窑堡政治局扩大会议上指出，当时形势的基本特点是日本帝国主义要变中国为由它独占的殖民地，我党的基本策略任务就是建立广泛的抗日民族统一战线。这一基本策略的转变，产生了巨大的政治反响。在中国共产党的号召下，抗日救亡的浪潮席卷全国。

这时，长期统治晋绥的阎锡山正处在矛盾之中。他统治山西二十多年间，约占有两亿元（银币）左右的资本，主要是工厂、矿业，兼营铁路、银号和商业。他想方设法要保住这笔巨额财产。本来，阎锡山同日本军阀的关系很深，可是在民族危亡的关头，他从维护其统治地位和保存实力的根本利害考虑，对日本侵略者又不能不有所戒备。1936 年初，日军提出要"借路"绥远进攻蒙古人民共和国，并策动和胁迫阎锡山带头搞"华北五省自治运动"，他没有答应，因此同日本侵略者的矛盾日趋尖锐。

阎锡山和蒋介石的明争暗斗由来已久。中原大战后，这种矛盾表面上虽有所缓和，但仍时伏时起，有时还很激烈。蒋介石试图向山西、绥远渗透，却受到阎锡山的全面抵制。他用自己的政治团体抵制蒋介石在山西的国民党势力；用晋钞、土货抵制法币、国货；甚至在修筑同蒲铁路时用窄轨抵制南京政府规定的标准轨，如此等等。当东征红军于 1936 年 5 月撤离山西后，蒋介石指令当初增援山西的关麟征等部 5 个师继续驻扎在晋南，暗中策划河东道（指今山西省西南部地区，古代曾在该地区设道）独立，企图分裂和控制山西，并且在暗中收买阎锡山的高级军官，挖他的墙脚。对于蒋介石的所作所为，阎锡山极为不满。

反共是阎锡山一贯坚持的立场。在山西，由于他的镇压，加上我们党内"左"倾冒险主义的危害，自 20 世纪 20 年代中期聚集起来的革命力量，损失殆尽。然而，红军东征，抗日救亡运动的兴起，又使阎锡山感受到共产党的巨大威力和影响。面对中国共产党领导下汇集成的抗日洪流，他又审时度势，不能不有新的考虑。阎锡山在中国共产党、蒋介石、日本帝国主义这三种力量中间周旋。然而，形势急剧变化，日军进犯迫在眉睫。阎锡山不得不准备抵抗日本的进攻，同时也要对付共产党，对付蒋介石。

当时山西正值经济濒临破产，民怨沸腾。内外交困、势单力孤的阎锡山，急于找寻办法渡过难关。于是，他想到了共产党。共产党对他是很大威胁，但是，他也看到以武力"剿共"不能解决问题。阎锡山清楚地看到，共产党提出的抗日民族统一战线主张，是人心所向，大势所趋。他反复权衡利弊，认为利用共产党可能是条出路，他设想用此办法挽救危局。

他知道，这要冒很大的风险，可是，没有万全之计，这个风险不能不冒。阎锡山始终坚信，共产党斗不过他，最终成功的将是他自己。阎锡山常对部下说："做头等好事的人，团结头等好人；做二等好事的人，团结二等好人；做坏事的人，只能团结坏人。"在阎锡山看来，共产党是做头等好事的，只能团结圣贤那样的人，而圣贤之人很少，所以共产党不会成功；蒋介石惯于搞阴谋兼并，是做坏事的人，所以只能团结坏人，坏人也是少数，因此也不能成功；而他自己则是做二等好事的人，唯独他才能赢得多数，才能成功。所以，他是把利用共产党作为暂时的手段，其最终目的还是为了求得他的成功。

阎锡山依据他的"唯中哲学"和"一切为了存在，存在就是一切"的统治经验，提出一条合乎他的逻辑的独特的政治路线，即"抗日又和日"，"拥蒋又拒蒋"，"联共又反共"。他常告诫部下："一切事情不能做得太绝对了。抗日不要忘记和日，拥蒋不要忘记拒蒋，联共不要忘记反共。"他想在夹缝里做文章，谋求自身的存在和发展（薄一波曾比喻阎锡山是在三颗鸡蛋中间跳舞，哪一个也不能碰破）。

尽管如此，迫于形势的压力，阎锡山总还是前进了一步，但骨子里的反共思想和反共立场始终不变。1936年5月，东征红军回师陕北后发表《停战协议和一致抗日通电》，毛泽东又致信阎锡山，倡议联合抗日，此后，阎锡山虽发生一些新变化，但他始终没有明确提出"联共抗日"的政治主张，也不愿意接受共产党所提出的抗日口号。他构思的"新"策略是：起用一些坚决抗战又在山西有一定号召力的共产党人，但以山西的抗日进步分子名义，而不能以共产党的代表或共产党员的面目出现；采取共产党的经他修改或名异实同的某些进步口号和措施（即"戴山西帽子"和"说山西话"。例如，牺盟会阎锡山是会长，在牺盟会里工作的共产党人是他的部下、工作人员；共产党提出减租减息，阎将其改为"合理负担"；共产党提出"有钱出钱、有力出力"，阎将其改成"有钱出钱、大家出力"等等），但在提法上却换成"山西语言"；借助共产党的政治影响，但要打着山西的旗号；实际上允许共产党员的抗日活动，但不准共产党在山西公开化、合法化。1936年秋，他成立新的团体"山西牺牲救国同盟会"，就是运用这种"新"策略的最初尝试。

牺盟会最初以“山西省主张公道团”为核心，是由“山西省自强救国同志会”（主张公道团的前身是“防共保卫团”，自强救国同志会、自强救国同志社都是这一个组织延续下来的）中的抗日进步青年宋劭文、戎子和、刘玉衡、张隽轩、杜任之等倡议成立的。他们积极响应中国共产党的抗日民族统一战线号召，对于促成这个组织起了重要作用。牺盟会原取名“山西抗日救国同盟会”，因阎锡山不同意而更名为“山西牺牲救国同盟会”。这个抗日救亡团体，是在1936年9月18日，即九一八事变5周年纪念日发起组织的。10月15日发表成立宣言和工作纲领，提出“打倒日本帝国主义”和“不分党派联合起来”等口号。10月18日在太原海子边公园召开万人宣传大会，散发了《大会告同胞书》。这在全国以至海外引起了强烈反响。很多进步人士和抗日团体发来函电表示热烈支持。日本帝国主义曾向阎锡山提出抗议，南京政府外交部以及阎锡山周围的反共顽固势力，也一再要求取缔牺盟会。这引起阎锡山的疑惧，刚刚成立的牺盟会工作被迫停顿下来了。

其实，阎锡山还是想把牺盟会办得有点声色的。他想以牺盟会，以他的所谓“按劳分配”的主张，以“守土抗战”、“牺牲救国”的口号对付共产党。但他知道，要做到这一点，不延揽一些有一定号召力的先进人物是不行的。以前，他从北平请过进步教授，让他们讲学，没有起更多作用。他还任用过我党的几个变节分子，但这种人名声不好，不能帮他这个忙，只能帮倒忙。

对中共来说，在第二次国共合作还没有实现的情况下，很有必要在华北突破一点，去影响和推动全局。当时，摆在华北地区党组织面前的主要任务，就是坚决执行党中央瓦窑堡会议的决议，开展抗日民族统一战线工作，广泛发动群众，壮大进步力量。在这一工作中，既要团结反日的基本力量，又要通过谈判、协商和必要的妥协、让步，争取其他党派和无党派人士中一切可能合作的分子，包括阎锡山这样的地方实力派，以利于促成抗日民族统一战线，推动群众性抗日救亡运动的广泛发展。

那时，在以刘少奇为首的中共北方局的正确领导下，华北地区抗日救亡运动的形势很好，一些地方党组织迫切要求上级派干部去领导、开展工作。可是，干部十分缺乏，派不出去。北方局根据中央的指示，积极设法

进一步营救被关押在国民党监狱里的共产党员，使他们免遭毒手和早日出狱为党工作。薄一波和十几位同志就是经北方局党组织营救出狱后被派往山西的。

1936 年 8 月下旬，薄一波和其他一些同志正准备出狱，阎锡山派郭挺一来邀他回山西工作。郭挺一是薄一波的同乡、同学，大革命失败时被捕，坐牢 8 年后投靠了阎锡山。他提到阎锡山邀薄一波返晋工作之事，薄一波当即婉言拒绝。过了几天，阎锡山又电请他回山西，其中有“共策保晋大业”等语。薄一波及时向北方局指定的联系人徐冰同志作了汇报，并表示不愿回山西工作。因为薄一波过去一直做党的秘密工作，从未做过上层统战工作，他也不愿意同阎锡山这样的人打交道。

当时，北方局的书记是刘少奇，他也是党中央的特派员。徐冰将薄一波提供的情况向刘少奇作了汇报。第二天，徐冰向薄一波转达了刘少奇的意见：现在要开展上层统战工作，阎锡山派人找上门来，机会难得；不想去，大概还是认为我们只应当做基层群众工作，不应当同阎锡山合作抗日，这是对正在发生大变化的形势认识不足。

薄一波请求先回离开近十年的山西了解些情况，看能否有所作为，然后再定。北方局同意了。薄一波于 1936 年 9 月回到太原。到太原后第二天，阎锡山就派梁化之（阎锡山的表侄和最主要的幕僚，阎锡山把他作为政治继承人培养）来约见。薄一波要求推迟见面，得到他们同意后，便开始访问和调查工作。

当时中共在山西的地下组织虽遭严重破坏，但仍有少数党员在秘密进行工作，几个有联系的党员向薄一波提供了一些重要情况。此外，薄一波又找到了几个同学，并通过有关人士介绍，接触了同阎锡山渊源很深的傅存怀和几个常在阎锡山身旁的人，包括阎锡山的一个儿子，从他们那里了解了一些内幕。

薄一波了解到，阎锡山之所以邀他回山西工作，除了当时政治形势的影响这个主要因素之外，他的亲信赵戴文（曾任南京国民政府监察院院长）、赵丕廉（曾任南京国民政府内政部长）和梁化之的推荐起了重要作用。赵戴文和赵丕廉是薄一波在山西国民师范学校读书时的前后任校长，梁化之既是薄一波的同乡，又是高他两年级的高小同学。阎锡山的封建意

识颇浓，素重乡土、师生等关系。赵戴文、赵丕廉、梁化之也是这样。所以，他们一再建议邀请薄一波回来“帮助阎先生做点事”，其中梁化之最为积极。

经过一个月左右的了解，薄一波认为“在山西可以有所作为”，于是向梁化之提出，他有些事情还需要同“远方的朋友”（阎锡山完全理解薄一波讲的就是共产党）商量一下。

薄一波回到北平，向北方局作了汇报。薄一波认为，抗日民族统一战线在全国尚未形成的时候，山西出现的变化十分重要。它有利于我们发动群众和培养干部，在山西开展抗日救亡运动。

薄一波还提出回山西后的工作方针，主要是：一、首先争取站稳脚跟。不搞“左”倾冒险主义和关门主义，不提阎锡山根本不能接受的口号，不做山西当局根本不允许做的事情；二、踏踏实实做上层统一战线工作，不怕到山西当局上层机关去活动，不怕戴“官办团体”的帽子。但要注意不图虚名，不做“清客”，不“抬轿子”；三、踏踏实实地做群众工作，积聚力量；四、争取抗日民族统一战线的领导权，在领导权问题上决不含糊。

北方局批准了薄一波提出的工作方针，并决定成立由北方局直接领导的中共山西省公开工作委员会，由杨献珍、董天知、韩钧、周仲英和薄一波组成，薄一波担任书记。这个公开的工作委员会，只做抗日救亡的公开工作，包括在阎锡山那里做抗战的准备工作，但组织是秘密的。北方局规定，它同张友清同志负责的专门领导党的秘密工作的中共山西省临时工作委员会（1937 年 10 月改称中共山西省委员会），在重要政治行动上相互配合，但不发生横向的组织联系。公开工作委员会没有专门的会议制度，也不用它的名义作成文的决定和指示，基本上是采用碰头的方式来商量工作和进行领导。

1936 年 10 月下旬，薄一波等 5 人作为抗日救亡活动家到太原。薄一波很快同阎锡山见了面，在座的有赵戴文、梁化之。

寒暄几句之后，薄一波提出山西当局对他是有通辑令的。

阎锡山当即表示：通缉令取消，这次是请你回来的。

薄一波说：这次回来，是在阎先生领导下做工作的，有几件事，用家

乡话来说，“先小人，后君子”，说清楚才好共事。

阎锡山说，以后都是自家人了，有话好说。

薄一波提出三点要求：第一，他参加共产党多年，说话、办事总离不开共产党的主张，希望得到理解，他要经常宣传抗日救亡，不应受到限制；第二，他只做抗日救亡工作，对抗日救亡有利的事情都做，不利的事情都不做；第三，在用人方面给予实权和方便，对他荐用的人要保障安全。

对于薄一波提出的三点要求，阎锡山均表示同意。

在座的赵戴文再补充说：还有一条，就是不要挖山西当局的墙脚。

薄一波笑着说：可以放心，我只能加固山西墙脚。

就这样，他们逐步与阎锡山形成了特殊形式的统一战线关系。

阎锡山明知他们是有党的组织关系的共产党人，除了郭挺一从北平回去向 他证实了这一点之外，国民党情报机关和国民党组织部长张厉生等也一再向他通报过这方面的情况。而阎锡山正是想利用一些共产党员帮他完成所谓“保晋大业”，即保住他在山西的统治地位和利益。

薄一波等人也明知阎锡山不会根本改变他对共产党的立场，不会同共产党真正走一条路，这种合作只是在抗日这个交叉点上走到一起的暂时同盟。共产党也正是要在合法斗争中，扩大抗日民族统一战线和救亡运动。双方对合作的前途都充满信心，关键就看形势的发展和策略的运用了。

薄一波等人要在阎锡山的地盘上和组织里发展抗日的力量，一定要取得阎锡山的信任。阎锡山为人城府很深，所以，他们尽量采取以诚相待的态度，即不回避共产党员的真实身份，当然也不公开讲明。薄一波等人常说有的事要同“远方朋友”商量，他们是“远方朋友”介绍来的。阎锡山十分清楚“远方朋友”指的是什么。

在工作初期，薄一波等同志十分谨慎，尽可能说“山西话”，使用阎锡山“创造”的比较进步的名词，不办山西当局不允许办的事。这样，很快就取得了合法地位，站住了脚。

薄一波首先接办和改组了牺盟会，阎锡山仍任会长，梁化之仍任总干事，由薄一波、董天知、韩钧加上原来的戎子和、宋劭文、刘玉衡、张隽轩等组成牺盟总会的领导班子，实际工作由薄一波负责。这样，以山西官办团体身份登上抗日舞台的牺盟会，成为共产党实际领导的与阎锡山合作的抗日救亡组织，并逐步成为山西各种抗日救亡团体总的指导机关。按照刘少奇提出的“站稳脚跟，抓住实权，多做实事，反对空谈”的方针，当时侧重反对“左”倾冒险主义的思想和做法，逐步展开了工作。行将夭折的牺盟会开始活跃起来。

1936 年冬，日军已经侵入山海关，并不断增兵华北，直接威胁平津，战火随时可能在华北大地燃起。鉴于形势严重恶化，武装抵抗日军侵略必将成为抗日的主要形式，根据中共北方局的指示，牺盟会十分注重宣传组织群众，培训军政干部，为建立武装队伍做准备。

这时，阎锡山也想扩军，并且想改用新的旗号。他在一次高干会议上要求与会者讨论：如果日本人打进山西来，我们怎么办？参加会议的人都发表了意见，但他一直不表态。他到底在想什么？公开工作委员会经过研究，认定阎锡山是想扩军，又苦于无力征兵，于是让董天知同志去试探一下。董天知在一次会上向阎锡山表示：日军进逼，晋绥首当其冲，不成立一支保卫桑梓的强大部队，就不足以抵抗日军入侵，阎锡山听了喜形于色。成立一支新的部队，这也是薄一波等同志竭力主张和争取的。

为了给建立一支能由共产党领导的新军创造条件，薄一波向阎锡山提议，趁各大、中学校放寒假的机会，招收部分青年学生，接受短期训练后即派往各县进行抗日救亡的宣传工作，并在此基础上，征集 2 万名国民兵军官教导团学员。同时，他建议改组和扩大军政训练委员会领导的军政训练班，迅速组建民训干部教练团，以培养抗日救亡的军事、政治干部。这些提议和建议得到阎锡山的同意，并决定由梁化之、杜春沂协同薄一波主管上述训练工作。

与此同时，牺盟会决定组织一支抗日宣传队，命名为“临时村政协助员训练班”（原拟命名为“山西抗日救亡宣传队”，阎锡山觉得“太露骨”，就自改为“临时村政协助员训练班”）。训练班集训了 960 多名来自太原的进步学生，然后派到各县开展工作。当时正值绥东抗战胜利和西安事变和平解决，群情高涨，仅 3 个多月，就发展了 20 多万名牺盟会员，并动员了 1.3 万多名知识青年报考国民兵军官教导团，接受政治、军事训练。同

时，加强了城市群众的发动工作，组织了以城市工人和青年为主体的抗敌救亡先锋队。先后举办的军政训练班，民训干部教练团、国民兵军官教导团、军士训练团等13个干部训练机构，共训练了2万多名知识青年。其中，军政训练班和民训干部教练团是两个主要训练机构，在这里学习的3600多名学员中，除山西青年外，还有从全国22个省市聚集而来的青年以及来自东南亚的华侨。这些训练单位，实际上成了中国共产党的军政干部学校。经过培训的进步青年，后来绝大多数成为山西各级党组织、新军各部队和各县民主政权的骨干。

七七事变后的第二天，中共中央发出宣言，号召实行全国总动员，各党各派各阶层民众和一切军队一致抵抗日本的侵略，建立最广泛的抗日民族统一战线。8月，党中央在陕北洛川召开的政治局扩大会议，指示全党为动员一切力量争取抗战胜利而斗争。

抗战开始后不久，日军即占领北平、天津，很快又侵入山西。晋绥军和前来增援的中央军，相当一部分一触即溃，或者闻风而逃。阎锡山对旧军失去信心。于是，薄一波再次建议尽快组建新军。他对阎锡山说：看来仅靠旧军是不行的，必须尽快组建一支新军。阎锡山很快同意了，决定把这个任务交给薄一波，要他负责先搞一个团试试看。

全面抗战开始后，刘少奇率北方局到了太原，加强对山西党的工作的领导。薄一波当即将阎锡山同意组建新军的消息报告北方局。

听完薄一波的汇报后，刘少奇一拍手说道：好，这是大好事！赶快去搞！这是枪杆子问题，要抓枪杆子。不要说一个团，就是一个营、一个连，也要坚决去搞！过了这个村就没有那个店了！你赶快回去，把牺盟会的日常工作委托给一个合适的同志，除了重大问题你过问一下外，你的主要精力和工作就转向组建新军！这支力量以后会慢慢发展起来的，而且还有一个合法的地位，有充足的军备物资，建制以后可以解决。关键问题是现在先办起来，越快越好！干部问题我给你解决，要多少给多少。

山西省公开工作委员会根据北方局的指示精神，不失时机地把工作重点转到组建和扩大新军上来。这是适应形势变化而作出的有战略意义的决策。当时，建立武装这件大事，在一定意义上可以说高于一切。当群众发动到一定的程度，而客观形势又有迫切需要，这时如果能建立并掌握比较强大的武装力量，就可以立于不败之地，否则，就会失去一切。后来斗争形势的发展充分证明了这样做是非常正确非常必要的。

山西新军初建的那个团，原来拟称“青年抗日先锋队”。阎锡山说参加的人都要有誓死的决心，于是改称“山西青年抗敌决死队”，简称“决死队”。它是以军政训练班、民训干部教练团和国民兵军官教导团第8团、第9团各一部组成的，在1937年8月1日成立时，薄一波任政治委员，阎锡山派旧军官担任军事指挥。“决死队”的发展非常迅速，在1个多月时间里，由一个部队发展成为 四个部队（相当于团），最初成立的“决死队”改称“第一总队”。

“决死队”成立之初，薄一波就拟订了《山西青年抗敌决死队政治委员制度条例》，并得到阎锡山批准。条例规定政治委员是部队的最高首长，对部队拥有最高指挥权。同时，从旅团到营连的政治委员、政治干部几乎全部由中共山西工委成员或中共秘密党员担任。

刘少奇非常重视山西的抗战。洛川会议后不久，刘少奇专门把薄一波找来，向他传达了洛川会议精神，肯定了山西的工作。刘少奇指出：一年来，你们在山西站住了脚，打开了局面，做得很好。但是，一定要看到，全国的政治形势随着抗战的开始已经进入新的阶段，过去的工作是准备抗战，现在的工作重心是实行抗战，现在是来真格的。要遵照洛川会议精神，努力使自己成为抗战的核心，不要怕打破阎锡山的框框，要切实掌握领导权。在实际工作中，我们应在策略上有所改变，要扩大和巩固统一战线，放手发动群众，同时要独立自主，要争取领导权。“左”倾关门主义要反对，但主要的注意力应放在防“右”上。只有我们的力量壮大到足以控制山西局面，同阎锡山的合作才能继续保持下去。

山西新军实际上是中国共产党以牺盟会负责人的名义倡议建立的，是在党领导下发展壮大起来的。在重要关头，党中央、北方局、八路军前总对山西新军和牺盟会都给了重要指示。这包括内部在有重大原则问题上发生争论时，都得到了明确指示和坚决支持。在接办牺盟会之初，山西临时工委有几位同志力主把它更名和改造为抗日救国会，把“山西青年抗敌先锋队”改为“中华民族解放先锋队”。他们认为，不然的话，我们帮这个“官办组织”做出了成绩，都记在阎锡山账上，那就是右倾。刘少奇明确

指出：牺盟会的好处恰恰在于它是“官办”的，否则就不会让我们放手工作，“抗日救国会”、“民族解放先锋队”等称号，阎锡山不能接受，不能那样办。

为了独立自主地坚持华北敌后抗战，党中央和北方局十分关注在山西和华北地区由我党领导的武装力量的发展。在八路军进入山西后，山西成为抗日的前沿主阵地。1937 年 9 月 21 日，中共北方局和八路军总部开会确定行动方针，刘少奇认为，应按照洛川会议的确定方针，广泛地准备游击战争，逐步壮大人民武装，要把八路军扩大为拥有数十万人、枪的强大集团军，要建立巩固的根据地。刘少奇的意见得到了朱德、任弼时、邓小平等的赞同。

根据华北地区的抗战形势，刘少奇向华北地区党组织提出两条意见：第一，动员平津和华北各大城市的青年学生到农村去；第二，在 3 个月内扩大部队到 10 万人规模。当时有少数同志对刘少奇的要求存在疑虑，担心统一战线会破裂。刘少奇进一步解释说：我们应当看清楚，在青年学生中，有一种向上进步的声势，抗日的热情很高，但各方面的经验还不足，政治上比较幼稚。到农村去，一是深入群众，了解情况；二是在实际斗争中提高觉悟，增长才干。针对 3 个月内扩大部队到 10 万人规模，兵源如何解决和会不会破裂统一战线的问题，刘少奇认为这种担心是多余的。“我对这个有信心。现在山西成为抗日的主战场，经过这一段时间的工作，群众也会很快行动起来，群众工作要抓紧、踏实、深入。只要群众起来了，抗日的大旗下会缺少战斗的勇士吗？我们在华北的抗战，不只是中国共产党和八路军，还有国民党军，都是为了抗日。我们来，是阎锡山请我们来的，他不请，为了抗日我们还是要来。统一战线建立起来了，但我党以及其领导下的八路军和其他地方武装，都是独立自主坚持抗战的，虽然存在着协调、配合等问题，那是对日作战中的一个方面。为了抗日大局，只有独立自主地发展抗日力量，不会破坏统一战线。我们在开展工作时，要跳出这个框框，不要为它束手束脚，放开手干，但一定要有策略！”

那时，周恩来正在山西，他在给中央的电报中明确表示：“胡服提议 3 个月部队扩大到 10 万，我赞成”，并且在具体部署扩大部队时，把“决死队”和牺盟会游击队包括在内。“在晋东南军区，以‘决死队’八千人为基础。”这个方针得到党中央和毛泽东同志的同意。

牺盟会在组织城乡群众、开展抗日救亡运动和组建新军等方面所进行的颇有成效的工作，为八路军进入山西迎击日军和创建根据地提供了有利条件。而八路军挺进敌后，又极大地振奋了山西人民和全国人民，对牺盟会工作的展开和山西新军的壮大，对山西抗战形势的扭转和发展，起了巨大的以至决定性的作用。

太原失守和国民党山西省党政机关撤走后，许多地区的政权处于真空状态。刘少奇抓住这一时机，指示地方党组织、牺盟会，建立抗日民主政权。随着形势的发展，山西省的七个行政区中有五个行政区是由共产党员和进步人士担任领导的。而这些行政区的县长也都是经我党推荐由阎锡山加以任命的，这些县政权完全在我党的领导之下。山西全省105个县，有近70个县长是共产党人。

当然，在当时那样复杂的形势下，无论从组织或者个人来说，对工作的指导都不可能没有任何失误。刘少奇总结敌后工作时说过：当时北方局的领导，“在路线上虽然是正确的，但在个别的政策上及个别的工作上亦不能免除自己的错误与缺点”。例如1938年初，北方局曾主张把党中央关于“不在国民党及其政府军队内组织秘密支部”的规定搬到山西新军中来，一度要解散决死队中的党组织，以致造成思想上和组织上的较大波动和某种混乱。好在这一失误很快就由刘少奇自己纠正了。

中共山西省公开工作委员会在思想上和工作上也有过一些偏差。比如：当局面已经初步打开，形势也大大向前跨越了一步，而他们却还没有及时冲破阎锡山的框框放手开展工作，经北方局指出后才得以纠正。北方局也曾纠正过薄一波的一次“左”的行动。当时国民党复兴社在太原办的《华闻晚报》久为群众所不满。1937年9月雁北失守时，它又谎报军情，暴露太原防空设施，薄一波就抓住这个机会让群众把它捣毁了。这个违反统一战线原则的做法，曾受到刘少奇的严肃批评。刘少奇把薄一波找来，批评道：“这是违反统一战线原则的。群众‘左’了，不可怕也不难纠正。但作为领导者，这种‘左’的倾向就很有危害性，如果认为只有用这种‘左’的指导方针才能发动群众，那就完全错了。在实际斗争中，要有斗争策略的灵活性。”在薄一波做了自我批评后，刘少奇又鼓励他：“在实际工作中，错误难免，贵在有错必纠。”

到刘少奇 1938 年秋末调离北方局时，华北的抗战局面已焕然一新：不仅有了根据地，有了群众基础，建立了民主政权，中国共产党领导的武装力量迅速发展壮大，八路军由 45000 人发展到 156000 多人，山西新军有正式番号、列入正式建制的部队到 1939 年夏发展到 50 个团 7 万余人。

经过抗日烽火的锻炼，山西新军由小到大，由弱变强。1940 年初，在粉碎阎锡山发动的“十二月事变”后，实际上加入了八路军的战斗序列。在抗日战争的艰苦年代里，山西新军配合和协同八路军进行了英勇顽强的战斗，沉重地打击了日本侵略者，经受了血与火的考验。

二十一、有福同享

中共中央中原局和中共河南省委所在地竹沟，坐落在豫南桐柏山区腹地，它是确山县的一个小镇，人口不足千人。

中原局书记刘少奇住在镇北的一座四合院的平房里，这是一处普通民房。室内用具都是从老乡家借来的。一张老式的“牙子床”，一套旧棉布铺盖，还有旧式方桌、茶壶、煤油灯、椅子各一件。只有一个书架是自己带来的，为了适应游击工作方式，他特意请人将书架做成活动折叠式，支起来是书架，合起来是书箱，便于携带，随时可以挑上走。这也是刘少奇居室里最醒目的家当。

刘少奇的工作是紧张而有序的。白天，他在那间平房内听汇报，作指示，傍晚都要在警卫员的陪同下出去散步。他们沿着沙石铺成的街道到东门外沙河边的草坪上走几圈。那里有一个大操场，每到傍晚常有一些战士或当地农民在此打篮球、唱歌、游戏等。有时，刘少奇会饶有兴趣地挤进人群看球赛，给双方加油助威；他也不时地到唱歌、游戏的人群中间走走，欣赏节目，兴趣上来时还能跟着哼上几句；间或还与散步、歇息的老乡拉家常，询问一些生活起居、柴米油盐之类的琐事，进行社会调查。散步归来，他便戴上自制的“镇脑器”，开始一

刘少奇住过的第十八集团军驻洛办事处旧址

天中的第二轮工作与学习。那盏煤油灯经常要燃烧到凌晨一两点，或是要亮到三四点。

在竹沟，刘少奇没有公开自己的身份，许多人不知道他的真实姓名，只知道他是共产党里的大干部。但是，凡是与他接触过的人，都能感受到他是一位可亲可敬的首长。

长期颠沛流离的战争生活使刘少奇染上了胃病，但他从来没有因为自己地位特殊而在饮食方面提出特殊要求，而是和同志们吃一样的饭菜，每天的菜金也只有五分钱。当时的炊事员都是来自农村的娃娃，从未经过灶头训练，更不懂得什么烹饪技术，煮饭把握不好火候，时生时煳，炒菜掌握不好咸淡，时咸时淡。而每次问刘少奇饭菜是否合口，他总是说："很好。"

同志们知道刘少奇是南方人，喜欢吃大米。可是在那艰苦的年代，吃大米简直就是一种奢侈。看着刘少奇与北方的同志们一起嚼豆腐渣，吃高粱面拌青菜做的窝窝头，喝高粱、玉米糊糊，炊事员别提多难受了。有时炊事员弄来点鱼或肉给刘少奇改善一下伙食，他总是问："这东西是从哪里弄来的？其他同志有没有呀？"他总是告诫炊事员，不要给他搞特殊化。他说："我们能吃上素菜，生活已经不错了。前方的同志生活更艰苦，他们比我们困难。"

有一次，同志们好不容易搞到了几条大鱼，心想，这下可以给刘少奇补一补身子了。刘少奇看到鱼后非常高兴，他吩咐炊事员挑几条小的熬成鱼汤，让同志们一起喝，把剩余的几条较大的鱼风干起来，等有人到延安去时，托他顺路带给毛泽东吃。

一天，中共豫南省军委会副主任王国华同志的母亲从乡下带了几十枚鸡蛋来竹沟看望自己的儿子。王主任看到刘少奇日夜操劳，身体又不好，就把母亲带来的鸡蛋分成两份，一份送到卫生处，给从前方下来的伤病员同志吃，另一份送给刘少奇。

晚上吃饭的时候，刘少奇看到饭桌上多了一盘鸡蛋，立刻问身边的警

卫员:“今天是大家都改善生活吗?”

警卫员如实地告诉了刘少奇。

“我的身体不错,现在最需要营养的是为人民流血的伤病员同志,快把鸡蛋送给他们吃吧!”刘少奇放下筷子说。

“他们和你一样,也有一份。”警卫员说。

“那么多人跟我一样,只有一份?”刘少奇有些不高兴了。“快送去,小鬼!”

刘少奇看到警卫员仍站着不动,就说:“你要不送过去,我自己去送!”

“好,我去送。”警卫员眼含泪珠,将刘少奇一口未吃的那盘炒鸡蛋送到了卫生处的伤病员那里。

打那以后,同志们再有什么“打牙祭”的东西,不敢单独送给刘少奇“享受”了。

说来也巧,送鸡蛋之后不久,又有同志送给王国华两只野山鸡。吸取了上一次的教训,王国华请炊事员把两只野山鸡一起炖熟后,请刘少奇和他身边的工作人员一起吃。这次,刘少奇接受了。开饭的时候,刘少奇对大家说:“王国华同志请客,咱们有福同享吧!”说完,他从锅里夹出鸡肉,分给在座的每一位同志后,自己才开始吃。大家围在一起,像一家人一样,无拘无束,吃得很开心。

几年后,在中共第七次代表大会开会期间,刘少奇与王国华在延安重逢。刘少奇把王国华请到自己住的窑洞里,说:“当年我欠了你的‘野鸡’债,至今未还。今天,我请你吃小米饭浇羊肉汤吧!为庆贺‘七大’胜利召开,我们开开戒,喝一杯!”

此时的刘少奇已是共产党内的二号首长,有很多重要的军政大事需要处理,但他没有忘记六年前在竹沟与王国华共享山鸡野味的小小“美”餐。

这是一种多么深厚的战友情谊!

二十二、退一步进两步

中共六届六中全会后不久，刘少奇从延安到中原局工作，途经河南渑池第十八集团军兵站时，曾托人捎书信给国民党第二战区副司令长官兼前敌总指挥卫立煌的秘书赵荣声，信中写道：

荣声兄：

见信后，请速来我处晤谈。

胡　服

刘少奇（当时化名胡服）是新任中共中原局的书记，赵荣声是卫立煌的秘书。刘少奇急于会晤赵荣声所为何事？

赵荣声又名任天马，安徽人，是卫立煌的同乡。全面抗战开始前，赵荣声是燕京大学的学生，学生运动的积极分子，后到了延安，在西北战地服务团任记者。因工作关系，曾采访并发表卫立煌拜访八路军总司令部的通讯，为卫立煌所赏识，经中央党组织批准，成为卫立煌的秘书。很快，赵荣声通过中共党组织，组织一些流亡山西的进步青年学生组成一个类似八路军西北战地服务团充满活力的第二战区前敌指挥部战地工作团，活跃于卫立煌的部队中，开展战区地方群众的武装组织和政治宣传工作，对改变部队的不良习气、提高部队战斗力，起到了积极的作用。由于工作团成员有相当部分是通过中共党组织所提供，有几个秘密党员参加工作团。因此，赵荣声就在战地工作团中建立起秘密支部，并不断发展新党员，工作开展得有声有色。

正因为赵荣声的工作能力深得卫立煌的赏识，而且两人在许多问题上的观点又颇为一致或接近，赵荣声便忽视了当时的工作环境和自己工作的对象。血气方刚的赵荣声不仅向卫立煌宣传共产党的各种主张，甚至鼓动国民党中央委员、蒋介石五虎上将之一的卫立煌提出加入共产党的请求。

得知这些情况后，中央觉得有必要找赵荣声谈一谈，因为他毕竟是刚参加革命不久的热血青年，缺乏政治经验。他必须明白，尽管卫立煌在民族危机的紧要关头，不仅奋起抗战，而且与中共的关系相处得也不错，但他毕竟曾是一名“剿共”悍将。在关键时刻，应该提醒赵荣声，注意做统战工作的方式，学会做国民党将领统战工作的方法。所以，刘少奇从延安出发时，中央让他到渑池后找赵荣声谈一谈。

赵荣声接到信后，在一个阴冷的雾日，来到了位于渑池的八路军兵站。

双方一见面，刘少奇首先做自我介绍：“我是中央代表，刚从延安来。最近中央刚开过会，讨论了统一战线工作问题。有些事情和你们这里有关系，怕搞出什么问题，所以特地找你了解情况。”说完，他点燃一支烟，等待赵荣声的工作汇报。

赵荣声一股脑儿把他到卫立煌处工作情况详细讲了一遍，汇报持续了近三个小时，刘少奇一直在静静地仔细听着，中间不插一句话。

听完赵荣声的汇报，刘少奇开门见山地说道：“你的胆子不小呀，想挖蒋介石的墙脚！你想为党工作的愿望是好的，工作热情也很高，而且也取得了一些成效。但是你是否知道，凡事矫枉必过正。卫立煌参加共产党对我们能有什么好处？依我看，不仅没有好处，反而有危险。”

看到赵荣声一脸茫然，刘少奇分析道：“国民党中央军是蒋介石的命根子，卫立煌是蒋介石将领中最能打仗的，也可以说是蒋介石的台柱子。他跟随了蒋介石那么多年，现在又带那么多的军队，刚刚升任第一战区司令长官。要是动员他加入共产党，蒋介石会怎么想，他会甘心吗？我们党和国民党事先讲好了，彼此都不在对方的党政军里搞党的活动，不建立秘密的党支部，我们要言必信，行必果，不在他们的军队里建立秘密党支部，不挖他的墙脚。要是蒋介石知道了你们对卫立煌的影响，不放心，

刘少奇化名“胡服”时期的留影（右三）

他就不把力量放在对付日本上，转而对付我们了，这岂不动摇了团结抗战的大局。”

听了刘少奇的话，赵荣声连忙辩解说：“参加共产党的问题是卫立煌自己提出来的，不是我有意引导他这么做的。”

“你刚才不是说经常陪他看延安出版的刊物和生活书店出版的小册子吗？这肯定会对他的思想产生影响，难道这不是引导吗？”刘少奇反问道。他正告赵荣声：“你可别把事情看得太简单了。你总应该知道‘一言兴邦，一言丧邦’的道理吧。好在这件事情已经过去了，就让它永远过去吧。以后无论在哪里，无论对什么人，都绝对不许再提起这件事，以免引起麻烦。”

听了刘少奇的一席话，赵荣声如梦初醒。他深为自己的鲁莽而懊悔不已，并虚心接受了刘少奇的劝告，表示以后一定要谨慎行事，以免酿成大错，给党的事业造成重大损失。

刘少奇看到赵荣声接受了劝告，很高兴。他继续指示说：“这次中央开会，就开展统战工作做出了一项决议，希望你们能够坚决执行。中央决定，撤退在国民党军队中所有我党的秘密组织。根据中央决定精神，要解散你所在的党支部，从现在起，你们改以个人身份参加国民党军队，停止组织生活，停止组织上与党的联系，保留党籍，长期隐蔽下去。这件事，只有中央几个负责同志知道，将来我可以给你们证明。”

听到要解散他们的党组织，赵荣声又着急了。他担心，不参加党的组织生活，不看党的文件，怎么了解党的政策，又如何开展统战工作。

刘少奇看出了他的心思，对他谆谆教诲一番：“孟子说过，‘人有不为也，而后可以有为’。这句话告诉我们一个道理，解散党支部的目的是积极的而不是消极的。解散党支部并不意味着把工作停止了，把人撤走了。相反，解散支部是退一步进两步，是为了更好地开展工作。现在我们党有公开的报纸，你们看到党报，就知道党的政策了。蒋介石是靠枪杆子起家的，卫立煌手中握有兵权，我们和他搞好关系，将来必有大用。你们只要能在卫立煌手下待下去就是成绩。有事情我会派人与你们联系，你们不许找各地方党组织，八路军设在各地的兵站和办事处也不要去。”

一番长谈后，赵荣声对党的统战政策和下一步如何开展统战工作有了清醒的认识。刘少奇让赵荣声立刻返回垣曲，向那里的有关同志传达中央的指示精神，并叮嘱他带领大家好好讨论，帮助同志们加深对中央指示精神的理解，并落实在今后的实际工作中。等党支部解散后，再回到渑池汇报讨论和解散情况。

赵荣声回去后，立刻将刘少奇的指示进行传达。听到要解散党支部，多数同志表示不理解。经过反复讨论后，认为党中央的统战方针和政策是经过仔细研究的，非常正确，应该服从。只有一位叫王若兰的党员横竖想不通，不愿在国民党军队里长期隐藏下去，强烈要求回延安参加火热的斗争。赵荣声无法做通她的思想工作，只好同她一起面见刘少奇。

见到王若兰后，刘少奇先是关切地询问她的工作和生活情况，然后提出了一个问题，三个人一起进行讨论。

刘少奇问道："你们经常往返于黄河之上，见没见过翻船的事情？"王若兰不知刘少奇的用意，立刻回答说："黄河无风三尺浪，有风便咆哮，翻船的事情是常有的。""你们想过翻船的原因吗？"未等他俩回答，刘少奇分析说，造成翻船的原因可能很多，或者是船体年久失修，或者行进中触礁，或者是负荷过重，也可能是遇上疾风险浪。就说这最后一种原因吧，即使遇上恶劣天气，如果船工能够齐心协力，服从指挥，向着一个方向用力划，既动作一致，又发挥主观能动性，翻船的可能性就会减小，战胜风浪的可能性就会加大；反之，缺乏一个共同的目标，各自为政，你往这边划，他往那边划，就一定要出问题，最终可能导致沉船事件的发生。

听了刘少奇的分析，王若兰似有所悟，低下了头。刘少奇见状，接着说："我们党历来反对自由主义，强调集体主义，强调组织纪律，就是要求我们的党员干部服从命令听指挥，这如同在河面上行船，人人要朝着一个方向用力划，不然就有可能翻船。你们现在所在的垣曲地处山西，看到牺盟会里党的工作搞的热热闹闹，有声有色，你们也想照着干，那是不行的。牺盟会是阎锡山管辖内的组织，他是地方实力派，蒋介石拿他没办法。而你们在蒋介石自己的主力队伍——卫立煌——手下那样干，就要碰壁。所以，你们必须采取隐蔽埋伏的方针，这是党的事业的需要。共产党员必须有为党的事业牺牲一切的精神。"刘少奇的一席话，深入浅出，以理服人，王若兰很快就打消了回延安的念头，表示坚决服从组织的安排，继续留在国民党中央军中开展工作。

在刘少奇的教导下，赵荣声的统战工作水平大大提高，逐渐成长为一名优秀的地下工作者。他辞去卫立煌秘书职务是在 1941 年的中条山战役之后。事实上直到 1946 年深秋卫立煌出国，赵荣声与卫立煌的联系也并未中断。卫立煌后来对蒋介石的反共政策产生不满，并因中条山战役失败而被蒋介石革职（实则是因为卫立煌反共不力），甚至在辽沈战役期间消极应付，拒不执行蒋介石的命令。新中国成立后，他是第一个从海外归来的国民党嫡系高级将领。这些都与赵荣声出色的统战工作关系甚大。

二十三、徐海东的“秘书”

1939年9月15日，刘少奇和原八路军一一五师三四四旅旅长、新任新四军江北指挥部副指挥兼第四支队司令员徐海东等40多名干部从延安出发，再赴华中。这些干部是根据刘少奇的提议，由中央从各单位抽调派往华中，以加强中原局的领导力量。

自国民党五届五中全会确定“限共反共”的反动方针后，国民党顽固派时常无故刁难共产党的抗日行动，制造反共摩擦事件，两党关系逐渐紧张。为了防止意外的发生，根据中央有关部门的指示，出发时采取了一些预防措施。徐海东身穿少将军服，以奉命去华中检查新四军工作的名义应付外界，刘少奇仍化名胡服，不公开身份，对外称徐海东将军的秘书。实际上则是由徐海东掩护刘少奇秘密赴华中。

临出发前，刘少奇笑着叮嘱徐海东：“不要忘了，一路上我可是你的秘书哟！”

刘少奇是共产党的重要领导人。与刘少奇同路，徐海东当然高兴，正可以借机向他学习。

“可是您当我的‘秘书’，我可没有那么大的福分。”徐海东有点不好意思地说。

“这有什么不好意思的。这是工作的需要，我在白区工作的时候，装扮过各种角色，工人、农民、教书先生、阔佬都尝试过。跟敌人打交道，就像演戏一样，需要什么角色，就得演什么角色。”

从延安出发，第一站是西安。西安是国民党管辖的地区，八路军在这里设有办事处，各方面来往的人员比较多。由于刘少奇是秘密出行，所以，需要与国民党政界打交道时，均由徐海东出面。每逢这种场合，刘少奇总是穿上八路军普通军装，以秘书身份侍从左右。在一次公开场合，徐海东摘下军帽，刘少奇立即双手接住，完全是一副“秘书”的模样。徐海东觉得很是过意不去，因为刘少奇是中共中央的一位领导人，而徐海东只是八路军的一个旅长，无论职位还是资历，两人都相差很大，但公开场合又不便表示。

事后，徐海东向刘少奇表达了自己的不安心情。刘少奇却随和地说：

“这没什么，在公开场合你就得摆出高傲的姿态，我就得毕恭毕敬地侍候你，这是工作的需要。看来，你还得加强‘演员’的心理训练。在这种环境下工作，必须机智灵活，就跟演戏一样，演得要像才行啊！”

在西安八路军办事处的那些日子，刘少奇每天工作到深夜，不是写东西，就是找干部谈话。徐海东为了保护刘少奇的安全，不是在屋外巡查，就是坐在一旁聆听。后来徐海东幽默地回忆说：“在西安那些天，我白天当首长，晚上可就是小学生了。”

9 月 18 日，刘少奇一行抵达洛阳。洛阳是豫西重镇，这里的中共组织由豫西省委管辖。在这里，刘少奇的主要任务是召集会议，听取汇报。他在八路军驻洛办事处召集了一次中共豫西省委会议，听取了豫西省委的工作汇报。刘少奇在会上强调，当前国民党到处搞反共摩擦，制造事端，时局渐趋恶化，豫西党组织的任务应以巩固为主，实行隐蔽精干、长期埋伏、积蓄力量的方针。要把已经暴露身份的干部和党员分别撤回到延安或敌后抗日根据地去。

洛阳是以卫立煌为司令长官的国民党第一战区司令部所在地。徐海东的公开身份是八路军少将，到这里便免不了要去第一战区司令长官部做礼节性拜访，顺便办理有关的通行手续。所以，徐海东乘刘少奇召集干部会议的时候，进城拜会卫立煌等国民党军政要员。

礼尚往来。由于卫立煌的夫人在重庆刚刚去世，卫立煌便委托长官部参谋长郭寄峤中将代为置酒款待徐海东。第二天，郭寄峤亲自到八路军驻洛办事处，回访徐海东，并邀请徐海东到长官部赴宴。

“不必客气了。我想早一点到华中视察，请尽快帮我办好手续。”徐海东着实想尽快离开洛阳，主要是害怕夜长梦多，担心刘少奇在洛阳的消息走漏出去，引起麻烦，万一被国民党特务发觉，后果不堪设想。所以，他诚心推辞郭寄峤的邀请。

说来也巧。正当两人客套之时，刘少奇有事从东厢房出来，坐在西厢房的郭寄峤一眼就认出了刘少奇，连忙出来打招呼。徐海东见状大吃一惊，赶紧打掩护说：“这是我的……”

“秘书”二字未及出口，郭寄峤已经握住了刘少奇的手说：“认识，认识，刘先生您好！刘先生大驾光临，鄙人着实不知，失礼，失礼。”

“你们认识？”徐海东莫名其妙，心里十分紧张。

刘少奇赶忙对徐海东解释说：“一年多前在山西垣曲长官部同卫立煌司令长官会晤时见过郭将军。”

新四军政委刘少奇（1941年）

刘少奇与郭寄峤相遇，确实令徐海东捏了一把汗。眼下国共关系逐渐紧张，国民党内部派系复杂，特务如麻，卫立煌固然对共产党友好，可是一旦被其他派系的人发现刘少奇在洛阳，发生什么意外，那后果可太严重了。

刘少奇本人却一点也不紧张。他热情地对郭寄峤说："请代我问候卫立煌司令长官！我刚到此地，正准备前去拜访将军。"

"欢迎，欢迎！今晚在庐舍略备薄酒，到时候我派车接刘先生和徐将军。"

"好啊！一定登门拜访。"寒暄几句后，刘少奇与徐海东一起送走了郭寄峤。

刘少奇原来不准备公开露面，既然已经碰面了，只能随机应变。他对徐海东分析道："对于郭寄峤这个人，我不是很熟悉，但卫立煌将军对我们态度还好，他要看卫立煌的颜色行事，估计不会出什么问题，去一趟也无不可。"

刘少奇还考虑到，既然已经接受了郭寄峤的邀请，不先拜访一下卫立煌显然不合适，这也是一个向国民党上层宣传我党抗日民族统一战线的机会。他说："这送上门的工作，只好去做了。"

当晚，刘少奇和徐海东提前到第一战区长官部，先去拜会了卫立煌司令，然后到郭府赴宴。

郭寄峤约了几个卫立煌手下的将领作陪，盛情款待刘少奇和徐海东。席间刘少奇向主人宣传和解释共产党的抗日主张，并据理反驳国民党顽固派对中国共产党的种种污蔑，揭露他们对共产党领导的抗日根据地的种种刁难，提出了一些国共合作共同抗战中应进一步解决的实际问题，如双方协同作战、国民政府应保证八路军和新四军的给养等。这些有理有据的分析，令郭寄峤及在座的其他国民党将领频频点头。晚宴的气氛是友好的。徐海东更是为刘少奇高超的统战工作技巧和水平所折服，感觉受益匪浅。

回到"洛八办"（八路军驻洛阳办事处）后，徐海东忧心忡忡地说："这下糟了，他们会把你的行踪泄露出去的。"

"我看不要紧，我们尽快离开洛阳就是了。"刘少奇安慰徐海东。

出于安全方面的考虑，当晚，他们决定马上离开洛阳，并抓紧时间安排车辆和行李。

第二天一大早，经过精心准备，刘少奇、徐海东分乘一大一小两辆汽车，从“洛八办”出发，向城南方向驶去。刘少奇和几名随行人员乘大车走在前面，徐海东带着家眷乘小车随后。

当大汽车准备出南城门时，被国民党宪兵挡住了去路，扬言要接受检查。几个宪兵叫嚷着要车上的人统统下车后，还探头探脑地向车子里张望。他们看到车上有几个箱子，非要打开看看里面装的是什么东西。

正在这时，徐海东的小车飞速赶到，一个急刹车在路边停下。军服笔挺、佩戴少将军衔徽章的徐海东快步从车上跳下，对着忙乱的国民党宪兵大声喝道：“你们要干什么？”

宪兵们一看来者是一位高级军官，不敢造次，连忙解释说：“长官，我们是……”

徐海东威风凛凛地往车前一站，大声喝斥道：“走开！这是我的人，我的东西！”

宪兵们被震住了，不敢再动车上的东西。一个小头目指着刘少奇问道：“长官，他是……”

“我的秘书。”

“啊，对不起，对不起！”宪兵们忙不迭地举手敬礼，放汽车出城。

刘少奇、徐海东从容上车。汽车飞快地向南疾驰，直到中午时分才停下来休息。刘少奇和徐海东分别从车上下来，两人对视，会心地大笑起来。

“笑什么？”徐海东故意问刘少奇。

“我笑这个。”刘少奇指着徐海东的少将徽章，“这个东西，关键时还真有用处。”

徐海东也笑着说：“嘿嘿，它的用处只能吓唬丘八（当兵的）。”徐海东松了一口气说：“这些天，我睡觉都不踏实，生怕出现意外。”

刘少奇说：“今晚你可以睡一个安稳觉了。”

的确，离开了洛阳，就走出了国民党的控制区域，刘少奇的“秘书”和徐海东的“长官”角色完美“谢幕”。

几天后，刘少奇一行安全抵达中原局机关所在地——确山竹沟镇。

二十四、驰骋中原

1939年1月，国民党召开五届五中全会，推行消极抗日、积极反共的政策，国民党在全国各地制造的反共摩擦持续不断，中共领导的部队和后方人员遭袭击的事件时有发生。

中共中原局所在地竹沟的四周大都是国民党军队控制区域，一些顽固派蠢蠢欲动，使得这一地区的形势日趋紧张。刘少奇和中原局经过分析，反复权衡利弊，为防止意外发生，决定中原局领导机关早日撤出竹沟。

1939年10月下旬，经过周密部署后，刘少奇率中共中原局机关及部分新四军战士第一批撤离竹沟，向皖东敌后转移。几天后，朱理治率留守处600余人第二批撤离竹沟，南下转移至鄂豫边界的李先念、陈少敏部队。11月3日，刘子久从洛阳来到竹沟，主持已恢复的中共河南省委的工作，并准备第三批撤离竹沟。

事实证明，中共中原局撤离竹沟的决定是非常正确和及时的。就在前两批人员撤离后不久，11月11日，国民党确山县长许工超，纠集周围几个县的常备队及国民党第一战区豫南游击司令戴民权部，共1800多人，突袭设在竹沟的新四军后方留守处和医院。此时新四军在竹沟的留守部队只有500多人，还有一部分新四军伤病员和家属，以及印刷厂等机构。刘子久、王国华等率领留守部队经过拼死战斗，突出重围。但一部分伤病员、家属和印刷厂工人没能突围出来，惨遭捕杀，这就是震惊全国的“竹沟惨案”。

刘少奇得到刘子久等关于竹沟惨案的报告后，一面向中共中央汇报，一面抓紧时间布置善后工作。他要朱理治就近向国民党当局交涉，同时要附近地区的新四军武装人员继续以王国华的名义在竹沟一带活动，以稳定当地人民的不安情绪。没过多久，当地的群众发现，新四军战士还在他们身边，共产党的旗帜仍在竹沟地区上空飘扬。

此时，刘少奇已经到达安徽省涡阳县新兴集，这里是彭雪枫率领的新四军游击支队开辟的豫皖苏根据地。刘少奇等同志的到来，令新四军游击支队

干部战士异常兴奋。司令员彭雪枫和支队领导班子研究决定，利用11月7日庆祝十月革命的机会，举行阅兵式，向中原局领导汇报一年以来的战果。

11月7日上午八时，刘少奇来到检阅场检阅部队。陪同检阅的有：新四军江北指挥部副指挥兼第四支队司令员徐海东，新四军游击支队司令员彭雪枫，中共豫东省委书记吴芝圃，新四军游击支队参谋长张震，政治部主任肖望东等。

阅兵式结束后，举行庆祝十月革命大会。彭雪枫司令员首先宣布说：

“在这盛大的节日里，党中央的代表、我们的胡服同志检阅了我们的部队，这是对我们的爱护、鼓舞和教育。现在，请胡服同志给我们讲话。”

在热烈的掌声中，刘少奇发表了演讲。他说：

“同志们！我代表党中央向坚持敌后艰苦奋斗了十三个月的同志们致敬！向为民族流血受伤的优秀儿女致敬！”

讲到这里，刘少奇郑重地向全体官兵举手行军礼。然后接着说：

“同志们！在有伟大历史意义的十月革命节的大会上，我们见面了！……二十二年前的今天，俄国穷苦大众在党、列宁、斯大林领导下，推翻了反动的统治阶级，建立了苏维埃，人民得到解放了，用布尔什维克的顽强战胜了敌人和困难。同志们，你们挺进豫皖苏地区，打了许多胜仗，解救了沦陷区的人民，发展壮大了部队，开辟了抗日根据地。你们辛苦了。我代表党中央、毛主席，向大家致以亲切的慰问。”

在接下来的几天中，刘少奇进一步听取各方面的工作汇报，并总结游击支队的成功经验。一年前，彭雪枫率领新四军游击支队从竹沟出发时，全支队只有300多人，仅仅一年多的时间，队伍已发展到7个团、1个总队、1个直属队，共7300多人的规模，这确实是一个了不起的成绩。这不但说明彭雪枫是一位优秀的指挥员，同时也说明这一地区对共产党来说有很大的发展空间。鉴于彭雪枫部已开始走向正规化，只要有干部，年内扩大到2万—3万人完全可能做到，所以，刘少奇立刻向党中央提出发展豫皖苏根据地的新思路，建议淮河以北、陇海铁路以南的部队统一归彭雪枫指挥，健全机构，成立各级政府，进一步扩大豫皖苏根据地。中央完全同意刘少奇的意见。

按照中央同意的部署，刘少奇迅速组织落实。他不断找干部谈话，抓紧调

兵遣将，很快成立了豫皖苏边区参议会，由吴芝圃任议长，接着召开了边区各界人士代表大会，建立了边区政府机构——边区联防委员会，下辖四个县政府和五个办事处。边区党委也迅速充实人员，健全机构，由吴芝圃任书记。

与此同时，豫皖苏游击支队正式编为新四军第六支队，由彭雪枫任司令员兼政委。一些邻近地区活动的由共产党掌握的抗日游击队，陆续改编为第六支队领导下的总队。这样，新四军第六支队拥有 3 个主力团、1 个特务团、4 个总队、3 个独立营，共 17800 多人。共产党领导的豫皖苏抗日根据地迅速发展壮大。

1939 年 12 月，刘少奇离开新兴集，奔赴设在皖东定远县的新四军江北指挥部。一到皖东，刘少奇便抓紧时间召集江北指挥部负责同志汇报工作，了解情况。

呈现在刘少奇面前的形势既复杂又严峻。在新四军活动的皖南和江北地区，四周布满了国民党重兵。苏浙皖是国民党第三战区司令长官顾祝同的防区，皖中为第二十一集团军总司令李品仙所盘踞，苏北是第二十四集团军总司令韩德勤的防地，豫皖苏则是第三十一集团军总司令汤恩伯的防区。这几个人立场反动，且各拥有大量的军队。而更为严重的情况是，新四军领导内部仍存在着严重的右倾思想，“一切经过统一战线”、“一切服从统一战线”的右倾思想的影响并未完全消除。

就皖东地区的形势来看，综合情况表明，这里的态势亦不容乐观。在皖东地区活动的主要是新四军第四、第五支队及苏皖游击支队。第四、第五支队组建时间不长，人员不足，而且又是刚到皖东地区，根据地不牢固，地方工作基础薄弱。显然，要巩固和扩大皖东根据地，需要做大量的工作。

刘少奇到达皖中后，正赶上日军第六师团及附近的伪军数千人向新四军活动区域进行“扫荡”。刘少奇和新四军江北指挥张云逸决定由刚刚就任第四支队司令员的徐海东率部进行反“扫荡”。战斗持续三天三夜，我军大获全胜。

反“扫荡”战斗结束后，刘少奇连续主持召开了中共中原局会议，制定华中新四军的发展方向。刘少奇在会上提出，华中新四军应冲破国民党顽固派的限制，全力向苏北发展，向东发展，直到黄海边，一刻不能停止。

向东发展，必然同国民党顽固派发生摩擦。1940 年春节刚过，盘踞安

徽的李品仙和国民党苏鲁战区副总司令韩德勤即暗中调集部队，向皖东津浦铁路两侧的新四军逼近，挑起争端。3月初，国民党军委游击队党务主任李春初率领1000多名武装人员企图强行通过新四军江北指挥部所在地定远县大桥镇。与此同时，国民党皖东专员李本一所部1000多人及国民党第五战区第十二游击纵队司令员颜仁毅所部约3000人，分南北两路向大桥镇逼近。

面对国民党顽固派的紧逼，刘少奇决心打一场反摩擦战斗，借以灭掉国民党顽固派的嚣张气焰。3月6日，刘少奇在新四军江北指挥部做战斗动员，他说：现在敌人向我们进攻了。这次摩擦是国民党顽固派挑起来的，非打不可。如何打，要研究一下。仗一定要打好，要坚决打退敌人的进攻，消灭敌人的有生力量。打了胜仗，我们就有理可讲了。军队嘛，就要打仗，人家来打你，你也要打人家。有些人不是这样想，等人家打上门来，就把队伍拉出去打游击，这是被动挨打的观点。能够建立几个根据地，不比打游击好吗？一旦国民党投降，摩擦仗打起来了，我们没有根据地，力量又比他们小，不能克服投降派，也就谈不上抗日了，那还有什么游击可打呢？刘少奇道出了建立抗日根据地的重要性。

会后，刘少奇、张云逸迅速调兵遣将。刘少奇决定采取调动敌人的办法，强攻定远县城，诱颜仁毅回师北返增援，在运动战中消灭敌人。

为保证战斗的胜利，在调遣第四支队谭希林的第十四团增援大桥镇的同时，命令第四支队主力反击南路来犯的李本一部，调第五支队主力和新四军苏皖游击支队开到津浦路西侧增援。战斗打响后，进犯大桥镇的李本一部很快被击溃，新四军进攻定远县城，驻守县城的国民党军队一个大队见参与攻城的新四军力量强大，未做抵抗即缴械投降。国民党定远县长吴子常见势不妙，不等城破即率先化装逃离。

得知定远县城被新四军占领的消息，颜仁毅率部增援，企图夺回定远县城，途中遭遇新四军的伏击，经过一昼夜的激战，第四支队将颜仁毅部一举歼灭。与此同时，新四军第五支队与苏皖支队配合作战，打掉了国民党滁县常备队，并占领滁县、凤阳县城。反摩擦战斗取得完全胜利。

新四军占领定远县城后，由于国民党县长逃走，县政权一度出现真空。刘少奇认为这正是建立共产党政权的好机会。因此，还在定远县城拿下来之前，有人曾问刘少奇：“把吴子常打跑了，国民党会有好县长派来吗？”

刘少奇早已胸有成竹，说："自己派嘛！省长我们也能派出来。我们有一个县，就派县长；有几个县，就派专员。"

有人担心地问："国民党不承认怎么办？"

刘少奇斩钉截铁地说："要谁承认？党承认你，人民承认你！在这革命高潮的时刻里，我们一定要大刀阔斧地工作，发动群众，扩大武装，建立我们的政权。如果不把政权掌握到手，建立根据地是不可能的！"

刘少奇与中原局其他几位领导商议后，决定指派新四军江北指挥部统战科科长魏文伯出任共产党的定远县长。

上任之前，刘少奇对魏文伯提出三点要求：革命要夺取政权，现在我们夺取了政权，要把它用好；要全面发动群众起来抗日救国，要团结群众，武装群众；要抓税收，同时取消国民党的苛捐杂税，要征粮，保证军队的给养。

1940 年 3 月 17 日，定远县军民隆重集会，庆祝定远县抗日民主政权正式成立。这是皖东地区第一个由中国共产党领导的抗日民主政权。

反摩擦战斗的胜利和抗日民主政权的建立，令国民党顽固派恼羞成怒，急于报复。由于新四军第五支队主力在定远作战时开到了津浦路西侧，路东相对空虚，韩德勤认为报复的机会来了。他调集 10 个团约 10000 多人的兵力，于 3 月 21 日向以半塔集为中心的新四军阵地发起进攻。

面对气势汹汹的国民党军队，刘少奇沉着镇定，立即布置应对。他和张云逸等研究后，发布命令：留守路东的邓子恢、郭述申、周骏鸣等率部坚守待援，电令在苏北的叶飞部火速向西增援，又令第五支队、苏皖支队及第四支队一部回师东进。尽管路东留守部队数量不多，但他们发扬连续作战、不怕牺牲的精神，在众寡悬殊的情况下，坚守七昼夜，打退了国民党军队的多次进攻。待两路援军赶到后，东西两面夹击，将国民党军队彻底击溃。半塔保卫战，又以新四军的完全胜利宣告结束。

在刘少奇的直接领导下，皖东新四军接连打了几个胜仗，控制了津浦路两侧的大片区域。按照中原局的部署，皖东军政委员会陆续向所属各县委派县长。到 9 月，皖东根据地已有 15 个县先后建立了抗日民主政权。皖东抗日根据地已经初具规模。

皖东根据地的各项工作初具规模后，为了实现中共六届六中全会提

出的发展华中的战略任务，刘少奇又抓紧时间赶赴下一个目的地——皖东北。

皖东北地区形势同样错综复杂。这里是日军占领区，日伪据点到处都是。国民党方面，李品仙部与韩德勤部也时常在这里活动，矛头主要对准共产党领导的抗日武装。尤其是盘踞此地的江苏省保安总队第一纵队司令王光夏，更是一个死硬的反共分子，经常与共产党领导的抗日武装搞摩擦。

共产党领导的抗日部队也有几支在这里活动。主要包括由张爱萍任总队长的新四军第六支队第四总队，由八路军山东纵队政治部主任黄春圃（又名江华）率领的一支部队，由钟辉任支队长、韦国清任政委的八路军陇海南进支队，由胡炳云任大队长、田维扬任政委的八路军苏鲁支队第一大队，还有豫皖苏彭雪枫派来的一个团。这些部队进入皖东北的时间都不长，立足未稳，又由于隶属于不同的方面，行动上难以统一，存在被日伪及国民党顽固派分割包围的危险。

刘少奇率中共中原局部分机关人员于4月29日到达淮河北岸的泗县罗岗村，受到张爱萍等的热烈欢迎。

刘少奇安顿下来要做的第一件事，就是召集会议，听取各方面的工作汇报，了解情况，以便部署下一阶段的工作。

不知是否得到了情报，刘少奇刚到这里，盘踞在泗县、五河一带的日伪军就两面夹击，向张爱萍部活动的罗岗地区展开“扫荡”。由于刘少奇及中原局机关在此，张爱萍不敢大意，率领部队连夜转移，跳出了日伪军的合围圈。

紧随日伪军的“扫荡”，王光夏乘新四军撤离的机会，率四个团倾巢出动，抢占了原属张爱萍部活动范围的朱湖、新行圩子及其以北地区。如果失去这一片活动地盘，张爱萍部将被敌伪顽军（国民党顽固而未开化的军队）包围在南北五六十里、东西不过三十来里的狭长地带，处境十分严峻。张爱萍不敢隐瞒，立即向刘少奇如实汇报了面临的困境。

听了张爱萍的汇报，刘少奇并没有表达自己的意见，他只是平静地反问道：“目前的形势是很困难啊，你打算怎么办呢？”

张爱萍想了想，坚定地回答说：“看来不反击是不行了。王光夏经常与我们搞摩擦，这次竟然武装进攻我们，是该狠狠地教训他了。”

刘少奇要的就是这句话。他说：“人不犯我，我不犯人，人若犯我，我必犯人。我们在反击日伪军的‘扫荡’，国民党顽固分子却乘机向我们进攻，这就逼得我们不得不进行自卫了。因此，打他，我们是有理由的。这一点一定得给干部战士讲清楚。”

停了一下，刘少奇又关切地问：“你们与王光夏部力量对比如何？”

张爱萍告诉刘少奇：“我军有三个主力团，一个独立团，另外还有几支小游击队。其中两个团战斗力较强，打败过日本鬼子，也打垮过李品仙部搞摩擦的两个团的进攻。这次由于要以部分力量牵制日寇，要全歼王光夏的四个团是有困难的，但是打垮他，赶出我们的根据地还是有可能的。”

听了张爱萍的汇报，刘少奇心里有了底。他又详细地询问了部队的政治思想情况和作战方面的一些具体问题，然后说：“现在情况的确很严重，但是，打了，情况就会变好的。我们既然有理又有利，就要坚决打垮顽固分子的进攻！一定要把这些道理在部队里进行深入动员时讲清楚。”

根据刘少奇的指示，张爱萍进行部署。趁王光夏部立足未稳，张爱萍命令参加作战的部队兵分两路，实施强攻。经过一天的激烈战斗，第四总队夺回了被顽军占领的朱湖、新行圩子及附近大小村庄二十余个。紧接着，第四总队又在兄弟部队的配合支援下，乘胜追击，将王光夏顽军从新四军活动地区彻底赶了出去，并打垮了王光夏的两个团。

战斗结束后，在皖东北地区活动的八路军、新四军部队都来到泗县，同张爱萍部会合。

刘少奇抓住时机，扩大战果，迅速把抗日民主政权建立起来。1940年6月，皖东北抗日民主政府成立，下辖泗县、泗宿等5个县、16个区、104个乡镇。皖东北抗日根据地正式建成。在做了各方面的安排后，刘少奇于6月12日返回新四军江北指挥部驻地。

回到江北指挥部后，刘少奇得报：八路军第三四四旅、新二旅共5个团及一个教导营计12000多人，在八路军第二纵队政委黄克诚率领下，分两个梯队从冀鲁豫边区南下华中，将于6月下旬到达涡阳新兴集一带，与彭雪枫的新四军第六支队会合。由彭明治、朱涤新率领的八路军苏鲁豫支队即将越过陇海路南下皖东北，与苏鲁豫支队第一大队会合。由新四军江南指挥部指挥陈毅率领的新四军一部，也从苏南渡江北上。

抽调一部分八路军南下和新四军主力北上，共同打开苏北，发展华中，这是刘少奇早就向中央提出的建议。现在，这些部队陆续到位，显然是中共中央军委和八路军总部全力支持这一计划，这令刘少奇十分欣慰。他预感到，解决苏北问题的时机即将到来，中共六届六中全会做出的发展华中的战略目标，有可能很快实现。

但是，在苏北与共产党较量的势力依然十分强大。除了侵占苏北的日伪军占据几乎全部水陆要冲外，国民党顽固派方面，韩德勤直接指挥的军队有七万多人，还有苏鲁皖边区游击总指挥李明扬、李长江下辖的十几个游击纵队三万多人以及地方保安旅和税警总团四个团。敌、伪、顽加起来的兵力大大超过了在苏北的八路军、新四军。显然，要在苏北打开局面，非有一场斗智斗勇的恶战不可。

就在这时，苏北爆发战事。这场战事吹响了华中新四军的东进序曲。

事情的起因是这样的：

1940年6月中旬，由管文蔚、叶飞率领的新四军挺进纵队，撤到距离泰州约30里的郭村休整。郭村是国民党苏鲁皖游击纵队“二李”（李明扬、李长江）的防地。6月下旬，在韩德勤的指使下，“二李”限令管、叶部在三天内退出郭村。接着，又命令“二李”将管、叶所部在江都及两泰各县境内或在运河两岸及洪泽湖南北地区分而歼之。28日拂晓，李长江部约10个团的兵力在韩德勤派来的一个旅的配合下，将新四军挺进纵队四面包围，轮番猛攻。新四军挺进纵队只有一个团和一个教导队，兵力仅为敌方的十分之一。韩、李依仗人多势众，企图将挺进纵队一举歼灭。

接到挺进纵队告急的电报后，刘少奇急电中共中央和八路军、新四军有关部队迅速增援管、叶部。新四军苏皖支队星夜驰援，第一个赶到郭村。两支部队并肩作战，顽强地抗击着数倍于己的敌人。

正当双方杀得难解难分的关键时刻，根据中共苏北特委的决定，在“二李”部担任支队长的陈玉生、担任大队长的王澄及担任连长的姚力（三人均为中共秘密党员）率部举行阵前起义，调转枪口，协同新四军作战。形势突变，李长江阵脚大乱，挺进纵队转守为攻，李长江部三个团被击溃，其余的敌人狼狈逃窜。郭村保卫战取得胜利。

1940年7月底，陈毅率一支几千人的部队东进黄桥地区建立根据地。韩德勤眼见新四军竟敢在他的眼皮底下建立根据地，恼羞成怒，调集军队分左右两路进攻黄桥，试图趁陈毅所部立足未稳，将他们一举消灭。

由于陈毅部吸引了大量的国民党顽军，刘少奇预感到，同国民党顽军在苏北决战的时机来到了。9月1日，刘少奇制订了下一步的行动计划：韩德勤主力向陈毅部进攻，华中各部队应集中全力向东解决苏北问题，八路军及新四军第五支队向南、向东出击，新四军第四支队须再抽调部队赴津浦路东。随后，刘少奇又先后向黄克诚、罗炳辉、陈毅、粟裕等发电报，做进一步的部署。

刘少奇以陈毅所率领的几千人为诱饵，吸引韩德勤部的大举进攻。而恼羞成怒的韩德勤视陈毅所部为眼中钉、肉中刺，必欲除之而后快。一场大战在所难免。

此时，集结在华中的八路军、新四军已经有46个团和4个独立营，兵力已达66000余人。这些部队分布在韩德勤的北、西、南三面，东面是大海，呈钳形包围之有利态势。刘少奇对一战打开苏北局面充满信心。

10月4日，韩德勤令八十九军15000余人向黄桥地区发起进攻，同时部署“二李”所部及陈泰运的税警总团从两侧策应。全部力量加起来，顽军兵力达26个团3万余人。陈毅所部面临的形势非常严峻。

但是，在黄桥指挥作战的陈毅、粟裕，有丰富的作战经验和高超的指挥才能。面对穷凶极恶的顽军，采取机智灵活的作战方式，诱敌深入，分割围歼，各个击破。经过苦战，不仅击退了顽军的进攻，还一路追击至海安、东台。与此同时，黄克诚率八路军第五纵队向韩德勤部的后背出击，打下了盐城。在八路军、新四军的夹击之下，韩德勤部一败涂地，韩部独立第六旅中将旅长翁达自杀身亡，第八十九军中将军长李守维黑夜突围时失足落水淹死。韩德勤本人率残部仓皇逃往兴化。

10月10日，参加黄桥作战的八路军、新四军的两支先头部队在盐城以南白驹镇北之桥头胜利会师，黄桥决战胜利结束。此战歼灭韩德勤部主力第八十九军和独立第六旅共12个团，连同被歼的保安旅一部，共计11000多人。战后，苏北陇海路以南、长江以北，大运河以东直至黄海的广大地区，都被共产党领导的武装所控制。这一切表明，中共中央确定的

开辟苏北、发展华中的战略计划胜利实现。

黄桥决战取得胜利、苏北局面打开后，刘少奇决定将中原局机关移往苏北，并着手解决华中部队统一军事指挥问题。11月10日，刘少奇致电中共中央，提议由中央任命陈毅为八路军、新四军华中各部的总指挥，如果叶挺同志到华中，即由叶挺任总指挥，陈毅为副总指挥。两天后，中共中央回复同意刘少奇的提议，并任命刘少奇为华中总指挥部政治委员。11月17日，华中总指挥部正式成立。华中总指挥部所辖部队包括：由陈毅兼指挥、粟裕任副指挥的新四军苏北指挥部，由张云逸任指挥、徐海东和罗炳辉任副指挥的新四军江北指挥部，由李先念任司令员兼政委的新四军鄂豫挺进纵队，由彭雪枫任司令员的八路军第四纵队，由黄克诚任司令员兼政委的八路军第五纵队。

与此同时，刘少奇和陈毅在调兵遣将、布阵设防，抓紧建立各种机构。11月15日，苏北临时参议会开幕，选举苏北著名爱国人士韩国钧为名誉议长，黄逸峰为议长，并选举产生了以管文蔚为主任的临时行政委员会。

至此，华中抗日根据地正式建成。11月23日，刘少奇、陈毅率领中共中原局、华中总指挥部机关移驻苏北盐城。12月31日，中共中央决定将中共山东分局归中共中原局管辖，由中原局统一领导华中和山东。

1941年1月4日，新四军军部及其所属部队9000余人，在军长叶挺、政委项英的率领下移师北上，当行至安徽泾县茂林地区时，遭到预先埋伏的国民党军队的伏击。尽管新四军官兵拼死抵抗，但由于众寡悬殊，新四军面临全军覆没的危险。

由于新四军突遭伏击，情况不明。得知新四军被围的消息后，中共中央和中原局领导心急如焚。直到1月9日，才接到叶挺及中共东南局副书记饶漱石发来的电报，得知新四军正全力与敌激战，并准备于当晚分批突围北进。电报中还谈到中共东南局书记和新四军副军长兼政委项英、政治部主任袁国平、副参谋长周子昆等不告而别脱离部队，去向不明，这令刘少奇甚为吃惊。在这样的关键时刻，作为东南局和新四军主要负责人的项英脱离部队，不可等闲视之。刘少奇立即复电叶挺、饶漱石，要他们竭尽全力挽救危局。同时急电中共中央，提议鉴于项英、袁国平在紧急关头已离开部队，请中央令饶漱石负责政治，叶挺负责军

事。1月11、12日，毛泽东和中共中央发电报给刘少奇和陈毅，要他们就近随时帮助皖南新四军，同意皖南新四军的一切军事、政治行动，由叶挺、饶漱石负总责。

由于寡不敌众，皖南新四军数度突围未果，最后弹尽粮绝，除千余人突围外，大部壮烈牺牲，军长叶挺与敌谈判时被扣，项英、周子昆突围后被叛徒杀害，袁国平在突围中阵亡。这就是震惊中外的皖南事变。

皖南事变是国民党掀起的第二次反共高潮的最高峰。1月17日，蒋介石反诬新四军是“叛军”，下令取消新四军番号，并将叶挺交付军事法庭审判。

面对国民党的倒行逆施，中共展开了针锋相对的斗争。刘少奇两次向中共中央发电报，建议重建新四军军部。由陈毅代理军长。中共中央采纳了刘少奇的建议。1月20日，中共中央革命军事委员会发布命令，决定重建新四军军部，由陈毅代理军长，刘少奇为政治委员，张云逸为副军长，赖传珠为参谋长，邓子恢为政治部主任。不久，中共中央又任命刘少奇为中共中央军委会新四军分会书记。

刘少奇自1936年初到中共北方局担任中共中央代表时，出于秘密工作的需要，化名胡服。从华北叫到华中，就连中共中央的文件电报中也都称他胡服。所以无论在华北还是在华中，一般同志只知道他叫胡服，知道刘少奇真实姓名的人并不多。这次毛泽东起草的中央军委命令中，打破以往惯例，反映了这份命令的重要性和特殊性。这在新四军干部战士看来成为一个新闻：中共中央任命的新四军政委刘少奇，就是原来的胡服同志，刘少奇和胡服竟是同一个人！

1月25日，重建后的新四军军部在盐城正式宣告成立。当刘少奇宣读中共中央革命军事委员会的命令时，会场上掌声雷动，经久不息。“拥护党中央重建军部！”“拥护刘少奇政委！”“拥护陈毅代军长！”的口号此起彼伏。

代理军长陈毅发表就职演说，他说，新军部的恢复，是直接有利于国家民族的前途的。新四军是一支特殊的武装，它具有百折不挠、一往无前的精神和坚不可摧的力量！蒋介石要取消新四军，我们可以置之不理。我们拥护中共中央革命军事委员会的命令——恢复军部！我们反对蒋介石的反革命命令，以抗战的命令，打倒破坏抗战的命令！陈毅还特地向大家介

绍第一次公开真实姓名的新政委刘少奇。他说：刘少奇是中国共产党杰出的领导人之一，他走到哪里，哪里的革命形势就迅速好转。他到华北，华北抗日运动大发展；他到苏北，苏北出现了一片新气象。今后新四军在党中央和刘少奇的直接领导下，一定会克服摆在我们面前的困难和风险，走向最后的胜利。

陈毅演讲和介绍完之后，众人的目光聚焦在刚到苏北不久的中共中原局书记胡服——摇身一变的新四军政委刘少奇身上。

刘少奇用沉稳的语调，充满信心地说：新四军是真正的抗日力量，是根植于人民之中的军队。敌人的阴谋诡计虽然能给我们造成一时的损失，但是想从根本上消灭我们是痴心妄想。历史的发展表明，我们是越打越强。原来我们只有几个支队，现在他一打，就打出我们几个师来了。

刘少奇诙谐幽默的讲话说到了每个人的心坎上。他的讲话不时被一阵阵山呼海啸般的口号所打断："坚持团结抗战！""反对分裂投降！""粉碎国民党顽固派的一切罪恶阴谋！""打倒日本帝国主义！""把抗日战争进行到底！"……

经中共中央批准，新四军整编为七个师，全军共九万余人。整编后的新四军在刘少奇、陈毅的统一领导下，以崭新的面貌纵横驰骋在苏、鲁、鄂、豫、皖五省的抗日战场上，成为继八路军之后中共领导的又一支劲旅。淮河两岸、大江南北，到处都有新四军战士活动的足迹。

鉴于皖南事变后中共东南局书记项英遇害，副书记饶漱石等辗转来到苏北，东南局事实上已不能履行职责。而中共中原局自竹沟移驻苏北后，也有了很大变化，中共中央决定，东南局与中原局合并，成立新的华中局，任命刘少奇为华中局书记，同时兼任中共中央军委华中分会书记。刘少奇肩上的担子更重了。

1941年10月3日，中共中央发来电报，调刘少奇回延安党中央工作。由于华中各项工作紧张而又繁忙，刘少奇一时脱不开身，所以不得不推迟一段时间。其间中央又几次来电催促他早日动身。1942年3月19日，刘少奇离开了他工作了三年多的华中，在中共华中局、新四军军部和地方各界干部群众依依不舍的送别下，踏上了回延安的旅程。

二十五、时刻关心群众疾苦

刘少奇初到竹沟镇时，住在一个农户家里。房东张杨氏两年前丧夫，自己带着一对儿女过日子，生活十分困难。刘少奇了解情况后，对她的处境非常同情，想帮她摆脱困境。

一天，刘少奇找到王国华，把自己的想法告诉他："张杨氏孤儿寡母，如果不帮她一把，生活很难过下去。能否从新四军留守处的开支中拨出一百元钱，帮助张杨氏在临街的房子里开一个杂货铺，这样，一来可以解决张杨氏一家的生活问题，又可以为镇上的军民提供便利，可谓一举两得。你看这个办法可行不可行？"

王国华认为这确实是一个不错的主意，经费不成问题，但他担心张杨氏胜任不了这个差事，因为开办杂货店需要到七十多里外的确山县城进货，不仅路途遥远，而且途中不安全，这一带常有土匪出没，拦路抢劫。

刘少奇说："进货的问题好解决，需要进货时，我们可以派两名战士帮她。再说了，又不需要天天进货。"

说干就干。刘少奇派人帮张杨氏收拾屋子，垒货台，搭货架。几天后，杂货店开张了。铺子里糖烟酒和油盐酱醋茶等日用品一应俱全。张杨氏一家的生活有了保障，一家人打心眼里感激刘少奇。

1942 年 3 月，刘少奇从中共中央华中局所在地阜宁出发，前往延安。根据中共中央指示，他要先到山东根据地解决那里工作中存在的一些问题，所以，他途经的第一站是山东根据地。

经过长途跋涉，到达山东分局后，由于沿途疲劳，加之饮食没有规律，一些随行的勤务人员和干部患上了腹泻。刘少奇听说后，忙去看望，并带去了原本是山东分局为照顾他的身体所准备的一些食品。几天后，刘少奇听说生病的同志们还没有好转，于是，他把有关的同志找去，询问还有没有治疗腹泻的药物。

原来华中局的同志了解刘少奇的身体状况，尤其知道他的肠胃不好，而当时的各根据地又没有条件生产药物。为此，临出发前，华中局

1938年9月，中共中央六届六中全会在延安举行。图为出席六届六中全会前举行的中央政治局会议人员合影。前排右起：王明、项英、朱德、王稼祥、毛泽东、康生。后排右起：张闻天、周恩来、刘少奇、彭德怀、秦邦宪、陈云

特地派人到上海购买了一些药品，以备路上急用。有关同志听刘少奇问还有什么药，就知道他是要把为自己准备的药给患病的同志用。这位同志心想，从山东根据地到延安，不仅路途遥远，而且沿途要经过日军占领区和国民党控制的区域，需要很长一段时间，现在把药送给其他人，万一以后刘少奇病了怎么办。想到这儿，就对刘少奇说："把食品送给病号就可以了，药还是留下吧。这里离延安还远着呢，时间还长着呢。你的肠胃又不好，万一半路上病了，找不到合适的药，那可怎么办？从党的利益出发，我们觉得保护您的身体是特别重要的。"

刘少奇听了很不以为然。他说："生病的同志急需用药，而这些药就摆在这里。可是你们却要留给现在没有生病，将来有可能生病的人。我们不应该眼看着现在有病的人不给吃，而给没有病的人以后吃，这样做是没有道理的。药，本来就是治病救人的嘛！凡是参加革命的人，大家都是革命大家庭中的一员，病了就应该吃药，别说我们现在手里有药，就是没有，也应该设法给他们找药吃。"

刘少奇的一席话，使同志们深受感动。负责保管药品的同志再也找不到拒绝的理由只得执行命令，将药送给需要的同志。当病号们听说这些药是专门为刘少奇准备的，又是刘少奇让医生送给他们的，一个个心里热乎乎的。感激之余，对刘少奇更加肃然起敬。

三个多月后，刘少奇一行离开山东根据地。行前，为应付沿途的险情和便于行动，将随行的一百多人精简为 18 人，大家脱下军装，化装成不同行业的老百姓。刘少奇化名老许，装扮成生意人。在当地武装游击队的护送下，于 10 月到达八路军晋中太岳军区所在地沁源县。

此时，正值日军集中 1 万多兵力对岳北地区进行疯狂的扫荡，太岳军区四面受敌，情况十分危急。刘少奇到达沁源的当天，便与太岳军区司令部一起紧急撤离至安泽县。在安泽停留期间，刘少奇利用短暂的时间，研究敌占区情况和当地的民情，同当地群众结下了深厚的情谊。

刘少奇住房隔壁，住着熊老爹一家。熊老爹有一片菜园，每天午后，刘少奇都到他的菜园去，老爹没事时，就同他唠家常，了解当地民情，逢到老爹忙碌时，他就帮老爹锄草、浇水。老爹逢人便夸，说他懂穷人的心思。

有一天，刘少奇到老爹菜园买菜。当时老爹正在忙着摘黄瓜和给小葱施肥，忙得团团转。刘少奇二话没说，就帮着老爹干起来。临走的时候，刘少奇从口袋里摸出一叠票子递给老爹，说是菜钱。老爹一看，很不高兴，用手一推说道：

“同志啊，你这样做就见外了。自己种的菜，还能说要钱？你三天两头帮俺弄地，别说你来拿，俺送也得送给你呀！”

刘少奇见老爹怎么也不肯收，就又坐下来和老爹磨蹭了一会儿，然后拿着菜走了。

晚饭后，熊老爹拿出烟袋抽烟，发觉烟袋里有一卷东西，不像烟丝，掏出来一看，原来是一卷票子。熊老爹这下又来气了，冲着老伴说：

“这位同志可真有意思。他要给钱，我是高低不收，不知什么时候趁我不注意，把钱放到我的烟袋里啦。”说完，要起身给刘少奇送回去。

大妈急忙拦住他说：“别啦，天不早啦！现在去抹黑碰门的，惊动人家不合适。明儿个待他到菜园，再给他不就得啦？”

老爹觉得老伴说得在理，就把票子叠起来，装在贴身的口袋里。

说来也巧，自从那天起，熊老爹等了三天，也没有等到刘少奇来。到了第四天，熊老爹等不及了，就准备上门去找。刚出家门，就见村上三个一堆儿、五个一圈儿地谈得正欢。老爹上去一打听，都说那个干部就是刘少奇。三天前就离开啦！

老爹一听可乐坏了。他一口气跑回家，捏着那一卷票子，对老伴说：

“你晓得这卷票子是谁的？是刘少奇的！”

当下，熊老爹让老伴给他的布褂上缝了个口袋，缝在左襟靠胸口的地方。他把票子装在小口袋里，袋口又别了根儿别针。干活热了，也舍不得把布褂脱下来。别人劝他：“老爹，热了，把褂子脱下来吧。”

熊老爹却总是说：“我不热，我褂子上有宝贝。”

这卷票子就这样一直“贴”在熊老爹的心上。

还有一次，刘少奇看到对面的山坡上，一个中年农民担了一担水，沿着弯弯曲曲的山路蹒跚地走着，只见他走得很慢，动作也很不协调，两条腿向里弯着，每走一步都要费好大的力气。等了好一会儿，那位农民才把水担上来。刘少奇连忙迎上去，亲切地问道：“老乡，你的腿怎么了？”

“唉，这是我们这里的一种说不清楚的病，乡亲们都叫它柳拐子病。只要得上这种病，骨节都会慢慢地肿起来，不仅疼，而且腿脚也不利索，干起活来自然很不方便啦。”说着，他伸出双手给刘少奇看。刘少奇看到的是一双手指骨节都肿胀起来的粗糙的大手，双手的手指微微弯曲，让它们伸直和再弯曲一下都很困难。

看到这一情景，刘少奇关切地问：“这里得这种病的人多不多？是怎么得的？能不能治愈？”

老乡回答说：“这地方害这种病的人可多了！说不清楚是怎么得的，反正祖祖辈辈都有人害这种病。得了这种病，不仅干活困难，也没办法治。”

听了老乡的一席话，刘少奇沉默了一会儿，坚定地说：“一定能找出得病的原因，找到治病的办法。”

告别老乡后，转身对随行的人员

刘少奇在延安时的留影

说："走，我们到下面看看。"

沿着中年农民走过的路，一路走下去，刘少奇发现，山坡下有一条小溪，山坡上的榆树叶、枣树叶经风一吹，簌簌地飘落下来，纷纷落在溪水里，有的叶子随着溪水打着旋涡流走了，还有一些叶子却堵塞在水浅的地方，时间一久，沉入水底，腐烂变质，变成黑褐色，散发着霉烂的气味。刘少奇仔细观察着，目光集中在烂树叶上。他自言自语地说："老百姓是不是喝了不干净的水，或者这水里有什么毒素或有害的矿物质？还是缺少什么营养？"他对随行的同志说："老百姓得了这种病是很痛苦的，我们共产党就是要想方设法解除老百姓的疾苦。但是治病要找到病根，只有找到病因才能彻底解决问题。"

回到村子里，刘少奇找到当地党组织负责同志，告诉他们："这里有一种'柳拐子病'，造成群众世世代代痛苦，在现有的条件下，我们共产党人纵然不能帮助他们彻底解决，也应该想方设法使它减轻，尽力阻止这种病的进一步发展。"他要求当地党组织负责同志转告军区的同志们，一定要重视和认真研究这个问题，找出病因，对症下药。

由于敌情紧急，刘少奇一行于次日整装出发。一路上，他还惦记着这种病。他对随行人员说："在中国农村，类似这样的病害是不少的。共产党人应该看到还有许多工作等待我们去做，也只有共产党能够给劳动人民解除世世代代的灾难和痛苦……"

后来，根据刘少奇的指示，太岳军区专门派出医务人员对这种病进行调查分析和研究，限于当时的条件，问题没有得到根本解决。直到新中国成立后，经过地方和部队有关方面对当地饮水、用水、水质、土质等情况的调查研究，找到了患病的根本原因——水质有问题。用了几年的时间，不仅有效地控制住了水土病，也使许多患者得到了康复。

当地的老百姓纷纷写信给刘少奇，感谢他对当地人民的关怀。看到当地农民的来信，刘少奇笑了，他说："我们共产党人就是要千方百计地为群众解除疾苦。"

二十六、不朽的著作

《论共产党员的修养》是刘少奇在抗日战争时期的重要著作，是中国共产党思想理论建设史上的重要文献，是他所有文章中最为大家所熟悉的一篇，“文革”中也曾作为他的一大“罪状”被广为批判。他的这一党建理论著作在中国革命、建设和新时期对中国共产党的发展壮大、加强广大党员的修养都起到了极其重要的作用。

刘少奇关注共产党员的修养问题始于党的六届六中全会之后，而《论共产党员的修养》这部不朽著作从酝酿、写作到最终公开发表经历了一个过程。可以说，它的初稿是在河南省渑池拟就的，成型于中共中原局所在地确山县竹沟镇，发表于延安的《解放》周刊上。

1938 年 9 月 29 日至 11 月 6 日，中国共产党在延安召开了扩大的六届六中全会。毛泽东在会上作了政治报告和会议总结。全会总结了抗战以来的经验教训，分析了抗日战争的形势，明确了党在抗战战略相持阶段的任务，统一了全党的思想和步调。全会强调要加强党的自身建设，使党能担负起领导抗日战争的重大历史责任。全会坚持马列主义基本原理同中国革命实际相结合的原则，向全党提出了把马克思主义中国化的任务。全会作出了巩固华北、发展华中的战略部署。为加强和改善党的领导，全会决定撤销中共长江局，成立以刘少奇为书记的中共中央中原局，统一领导长江以北、陇海铁路以南、津浦铁路以西包括河南、湖北、安徽、江苏一带党的工作和抗日战争。

当时，国民党第一战区司令长官部设在洛阳。洛阳成为河南乃至中原地区的军事、政治中心，豫西的战略地位更加重要，豫西渑池县城又恰好处在豫西的中心地带，日军占领了风陵渡后，渑池更是成了陕甘宁边区通往华北、华中和华南的交通枢纽，十八集团军在渑池县城建有兵站。刘少奇从延安出发，经西安、洛阳赴华中就任中共中原局书记，渑池是他的必经之地。

1938 年 11 月 23 日，刘少奇偕中原局委员朱理治等离开延安，当晚抵达西安八路军办事处，在这里，他听取了中共豫西特委的工作汇报，对豫西的情况有了初步的了解。

刘少奇在西安做短暂停留，11月28日，刘少奇率领秘书、副官、警卫、机要人员和保健医生一行17人离开西安。为避开风陵渡日军炮火袭击的危险，刘少奇一行先乘汽车绕道潼关以南山区，确认到达安全地方后，才转乘火车，当日下午到达渑池。

刘少奇到达渑池后，住进当地民主人士王少琦家的后院上房。该房非常简陋，既无楼棚又无隔墙。为方便工作和休息，只得临时用白布将上房隔开，分成三间。刘少奇在东间，这里是他工作的地方，他常读的马列著作和《论语》《孟子》等书堆放在桌上，以便随时翻阅。中间一间是刘少奇的书屋，堆放的是从延安带来的整麻袋和成捆的书。西间住的是豫西特委派来协助工作的两名译电员。

刘少奇当时化名胡服，除豫西特委书记刘子久等少数领导同志外，绝大多数人并不知道他的真实身份。初到渑池，刘少奇除了根据时局的不断变化，通过电台、信函了解豫鄂皖苏各地随时发生的情况，同各根据地保持着密切联系，以指导中原和华中各地党的工作外，还与当地的干部战士、青年学生、民主人士及其他各界人士谈话，广泛了解情况，密切关注各方动态。

在对当地情况有了一定了解后，12月20日，刘少奇主持召开了中共豫西特委扩大会议。刘少奇在会上全面传达了中国共产党扩大的六届六中全会精神，并对豫西党的工作做了具体的部署。

刘少奇虽身居渑池却胸怀大局。他除了心系中原地区抗战和根据地发展外，如何对新党员进行党的基本理论教育和如何加强党性修养成为他牵挂的另一个重要问题。

日本帝国主义发动侵华战争，在中华民族面临生死存亡的危急关头，一大批热血青年出于爱国之心，不愿当亡国奴，他们对国民党推行片面抗战路线表示强烈不满，于是纷纷从全国各地涌向延安和中国共产党领导的其他抗日根据地，成为中国革命的新生力量。

当时为了适应抗日战争和形势变化的需要，1938年3月，中共中央作出《关于大量发展党员的决议》，要求全党大量地、十百倍地发展党员。这个决议下达后，各地纷纷采取措施，扩大党组织和发展新党员。这些涌向延安和其他各根据地、积极投身民族解放战争的热血青年和进步知识分子纷纷被吸收进党内，党员数量迅速增加。如晋察冀边区的晋中、冀西两个区的党员在一年之内就由几十人发展到8000多人；在河南，到1938年9

月，全省党员也已达8000余人，有59个县建立了党的组织。

大量发展新党员，使得党员队伍迅速扩大。由于新发展的党员除了来自国民党统治区的热血青年和知识分子外，还有来自根据地内部的农民和其他职业者，他们有可贵的革命性，但许多人身上存在这样那样的问题，如对共产党缺乏基本的认识，对怎样做一个共产党员不甚了解，有些人身上存在各种非无产阶级思想等，他们在组织上入了党，思想上却没有入党。所以，如何树立正确的建党思想，在党内怎样发扬好的革命传统，妥善地开展必要的思想斗争，清除党内存在的各种非无产阶级思想，就成了当时全党在政治上需要解决的一个重大课题。

对于党员队伍存在的问题以及它的危害，曾担任中共中央北方局书记的刘少奇体会更加深刻，认识更加清醒。为此，他还曾与时任中共中央总书记的张闻天做过深入交谈，提出过自己的看法。一方面，刘少奇对短期内党员队伍的迅速发展壮大感到欢欣鼓舞，因为这是革命事业蓬勃发展的一个体现，也是进一步促进革命发展所十分必需的力量；另一方面，他也表示出了担心和忧虑，如不能及时加强对新党员的教育引导，使之端正思想，树立正确的世界观和人生观，势必会影响到党员队伍的健康成长，进而影响到党的事业。因此，如何对新党员加强政治思想教育，促使他们明白不仅要在组织上入党，更要在思想上入党，真正成为一名合格的共产主义战士。这是中国共产党所面临的十分紧迫的政治任务。

提高党员的思想认识，加强理论学习是一条有效的途径。但当时党员的学习材料太少，尤其是能够跟上当时形势发展需要且能指导实际工作的比较系统的学习材料更少，根本满足不了广大党员学习的需要。毛泽东在党的六届六中全会上所作政治报告中着重提出的“要加强党的思想建设和实现马克思主义中国化”、“我们党的马克思列宁主义的修养”这一重大命题，此时在刘少奇思想深处引起更加强烈的共鸣和共识，使他产生了在当时抗战新形势下写作论述“共产党员思想意识修养”这一重大课题的想法和愿望，且自己也有这个责任，随之便付诸了实施。

于是，奔赴中原途中的刘少奇，就开始酝酿思考马克思主义经典作家尚未系统、全面论述的共产党员的修养问题了。特别是经过在渑池的一段实际工作后，刘少奇深感毛泽东在党的六届六中全会上发出的“要在全党开展一个学习竞赛”的号召十分必要和及时，是个非常英明的决定。

刘少奇在渑池夜以继日地工作着，白天没有时间，但为了学习和写作，实现自己的构想，他常常是彻夜不眠。时值寒冬，没有暖气，就用木炭火盆取暖；没有电灯，就点蜡烛或煤油灯照明。有多次在夜深人静之时，他离开房间到院里，来回踱步，思考问题。

刘少奇时刻以优秀共产党员的标准严格要求自己，不断提高自己的党性修养。他生活俭朴，从不搞特殊化，吃的饭多是随行人员做的，没有大米，就吃小米或玉米面窝窝头。豫西当地出产红薯，红薯成了当地家家户户的主食，也成了刘少奇的主食。刘少奇经常熬夜，有时熬夜饿了，顶多也只能再烤些红薯吃，吃的时间长了，就闹起了胃病，以至于日渐消瘦。刘少奇爱抽烟，挑灯夜战常以烟为伴，但他总是抽很普通的低档烟，从延安带来的两盒小号“哈德门”香烟，用于招待重要客人，自己一个人时从不抽它。两盒香烟用了近两个月的时间也没抽完。

就是在这样艰苦的条件下，刘少奇孜孜不倦、勤勤恳恳地为党工作着。他白天忙于其他事务，就利用夜间撰写题为《共产党员的修养》的演讲提纲和部分初稿。1938 年底至 1939 年 1 月初，中共豫西省委举办第一期党员干部训练班，刘少奇为训练班讲课六次，其中的三次就是讲授共产党员的修养问题，这是我党历史上第一次比较系统专题讲述共产党员修养问题。在此期间，他还不时地找同志们征求意见，对讲稿加以修改、充实和完善。

据参加过训练班的同志回忆，《共产党员的修养》讲稿就放在一个硬夹子本里，这个硬夹子本四周是紫红色的边，中间是黑色的面，刘少奇每次讲课都是掀开这个本子讲的，这是他写作、讲课经常使用的本子。当时起草的《共产党员的修养》的提纲分为四个部分，提纲看似很简单，但三次讲述的内容却十分丰富。刘少奇运用马克思主义的辩证唯物主义和历史唯物主义的观点，论述了怎样建设一个伟大的密切联系群众的无产阶级政党等问题，讲述了共产党员为什么要进行修养、怎样进行修养以及共产党员的思想意识修养和组织纪律修养等重要问题。他的讲述理论联系实际，深入浅出，生动活泼，说理透彻，起到了很好的教育效果。参加学习培训的同志们都说，这是他们入党以来受教育最为深刻的一次党课，以至几十年后许多同志回忆当时的情况时还不无感慨地说：“我们这些人都是在毛泽东思想哺育下，在刘少奇《论共产党员的修养》教育下成长起来的。”

1939 年 1 月 22 日，刘少奇离开渑池，28 日抵达中原局驻地确山县竹

沟镇。为加强对党员干部进行党性修养教育，刘少奇在百忙中尽可能多地抽出宝贵时间，对文章的内容进行充实和修改。经过认真思考，刘少奇又在原题目之前加上了个“论”字，使之成为《论共产党员的修养》，题目只加了一个字，文章的立意就更高了，内涵和外延也就更宽广了。

到达竹沟后，刘少奇立即指示中原局和中共豫南省委参照在渑池办训练班的经验，连续在竹沟举办了多期党员干部训练班，并扩大受训范围，支部书记以上各级党政干部和地方武装干部都参加培训。在竹沟，刘少奇多次给党员干部讲演《论共产党员的修养》，先后有2800多名党员干部得到训练教育。

为了撰写演讲稿，他常常是在夜里写作读书和学习，往往一写就写到凌晨三四点甚至是通宵达旦，每到夜里十二点后他就戴上用铁片自制的“健脑器”写作，以提高写作效率。经过一段时间的刻苦工作，终于写出了《论共产党员的修养》比较完整的讲演稿，讲演稿对共产党员的修养问题共分九个方面进行论述:（一）共产党员为什么要进行修养;（二）做马克思和列宁的好学生;（三）共产党员的修养和群众的革命实践;（四）理论学习和思想意识修养是统一的;（五）共产主义事业是人类历史上空前伟大而艰难的事业;（六）党员个人利益无条件服从党的利益;（七）党内各种错误思想意识举例;（八）党内各种错误思想意识的来源;（九）对待党内各种错误思想态度，对待党内斗争的态度。讲演稿丰富和发展了马克思列宁主义的建党学说。

刘少奇在渑池、竹沟关于共产党员修养问题的讲演以及对参加训练班的党员同志们的宣传培训，使中原地区的广大党员干部受到了一次及时、很好的马克思主义教育。通过学习培训，不仅使他们的政治觉悟、思想认识和马列主义理论水平都得到了很大提高，而且使他们的组织纪律观念也得到了加强，对党的路线、方针、政策和党在新时期的任务有了更加明确的理解和认识，党员干部的理论与实际相结合和理论指导实践的能力也大有提高，同时也有效地消除了王明右倾机会主义错误的影响，对当时党在中原地区继续深入正确地领导人民开展抗日救亡活动，创建抗日根据地，不断开创抗日斗争的新局面以及对党员队伍的进一步发展壮大、健康成长都起到了非常重要的作用。

1939年3月，刘少奇奉命由竹沟镇返回延安，商讨重大战略方针并主

持筹备召开全国职工代表大会。当时延安马列学院院长由张闻天兼任。党创办该学院的目的是培养和教育干部，提高干部的马列主义理论水平。

在延安期间，刘少奇的住处与张闻天的窑洞毗邻。在20世纪20年代，他俩都曾在苏俄学习马克思主义理论，因此，对理论问题怀有浓厚的兴趣，茶余饭后常在一起讨论共同关心的理论和时事问题。一天，刘少奇对张闻天说："党的六中全会提出加强党的建设任务，现在从各地奔赴延安的革命青年中，许多人已经入了党。这些人有朝气和激情，但是缺乏对共产党的基本认识，对于怎样做一个党员不甚了了。对他们进行党的基本知识教育，是当前党的建设的一个十分迫切的任务。"

张闻天对此颇有同感，他接着刘少奇的话题说："是啊，我最近也在想这个问题。虽然六届六中全会通过了三个有关党规党法的规定，从制度上加强了党的政治建设和组织建设，但是要解决思想建设问题，还要花大力气对党员进行基本素质教育。你这个想法很好，最近马列学院'党的建设'课程主讲人缺席，你能不能来补这个'缺'？"

刘少奇略加思索地说："系统地讲党的建设基本理论，没有时间，可以讲一讲党员在党内生活中应该注意的几个问题。要讲，就从党员的修养讲起吧。"于是应张闻天的邀请，刘少奇欣然答应为马列学院学员作论述共产党员的思想修养的专题演讲。

1939年7月8日，刘少奇在延安蓝家坪马列学院窑洞外的广场上向学员们作了《论共产党员的修养》的重要演讲。演讲连续进行了4个多小时。由于内容太多，这天没有讲完，7月12日，刘少奇又去讲了一次。他根据自己对党内生活的长期观察和体验，全面阐述了共产党员的道德规范和行为准则，系统论述了共产党员加强马列主义理论修养、思想意识修养和组织纪律修养的必要性和重要意义，详细阐述了共产党员修养的内容和方法，列举了党内各种错误思想意识，分析了产生这些错误思想的根源，提出了对待党内各种错误思想应采取的态度，也提出了做一个模范共产党员的具体标准。刘少奇的演讲报告，使马列学院学员在思想认识上得到很大启发，澄清了一些人的糊涂观念，受到了一次很好的教育。由于演讲的内容丰富、系统，而且理论联系实际，解决了学员们苦于找不到答案的思想问题，演讲效果出乎意料的好。

作为中国共产党的领导人之一，由于刘少奇长期在白区从事秘密工

作，党内许多同志对他并不十分了解。抗战爆发后，他受命到华北抗日前线，为迅速打开华北地区抗战新局面做出了显著的成绩。同志们对此也有耳闻。但对他有如此深厚的马克思主义理论功底和深入浅出的表达能力却知之甚少。这次听了他的精彩演讲，人们对他更是刮目相看了。“少奇同志理论水平高”成了大家对他的一致评价。

刘少奇在马列学院的演讲，受到热烈欢迎，反响极为强烈。学员们和中央机关的干部们希望能够把它整理出来发表，让更多的党员干部接受教育。张闻天也认为刘少奇的演讲很好，所讲的内容正是当时广大党员迫切需要的。但张闻天感觉有些为难。一则因为刘少奇刚刚担任中共中原局书记，这次回延安是商讨如何实施中央关于“巩固华北，发展华中”的重大战略任务，而且抗日前线和后方还有许多重要工作等待他去处理；二则因为把长篇演讲稿整理成文，非一日之功，担心刘少奇回中原局之前难以顾及此事。于是他抱着试试看的想法，请刘少奇把演讲稿整理成文章，在《解放》周刊上发表。

没想到，刘少奇非常爽快地答应了。刘少奇当时的演讲内容分为三部分，由于时间的关系，只整理出了前两部分，即第一部分（主要讲共产党员为什么要进行修养以及修养的基本方法）和第二部分（主要谈党员思想意识的修养），第三部分（即党员组织纪律的修养）没有整理。刘少奇将整理出来的前两部分内容仍定名为《论共产党员的修养》，并交给张闻天。

按照规定，在《解放》周刊上发表重要文章都要经毛泽东同志审阅，张闻天立即转给《解放》周刊责任编辑吴黎平送毛泽东审阅。通常，毛泽东对送审稿一般都是要一个星期才返回，而毛泽东看了刘少奇的这篇文章三天就返回来了。同时，毛泽东还写了一封短信，说：“这篇文章写得很好，提倡正气，反对邪气”，应当尽快发表。于是，《论共产党员的修养》一文先后在《解放》周刊 1939 年 8 月 2 日第 81 期、8 月 30 日第 82 期和 9 月 20 日第 83、84 两期合刊上陆续发表。

9月，竹沟中原局印刷厂也立即翻印了刘少奇的《论共产党员的修养》。

《论共产党员的修养》公开发表后，引起了强烈反响，得到了全党同志的高度评价和充分肯定。《解放》周刊编辑部收到了许多读者来信，纷纷要求出单行本。中央宣传部采纳了这个意见，1939 年 11 月 7 日，延安解放社（人民出版社的前身）首次出版发行了刘少奇的《论共产党员的修

养》单行本，并很快出了三版，仍供不应求，各抗日根据地也先后予以转载或出版单行本，大量印发到党员干部手中，作为党课教材阅读学习。延安整风运动中，该文被列为整风的必学文件进行学习，1943年又编入解放出版社出版的《整风文献》，这对加强党员干部的思想政治教育，加强党的思想理论建设，提高党员的党性修养起了重大作用。

新中国成立以后，该书又被翻译成英、日、捷克、荷兰、西班牙文等多种外文，以及蒙、维吾尔、朝鲜、哈萨克等十三种少数民族文字出版发行，发行范围遍及80多个国家和地区，影响巨大。

70多年来，刘少奇的《论共产党员的修养》一直是中国共产党对党员进行思想教育，提高党员政治觉悟的重要文献，历经几十年，经久不衰，先后印刷数十次，总印数以千万计，其中仅1962年9月到12月，修订再版的《论共产党员的修养》单行本就发行近500万册。1981年，该文又编入中共中央文献编辑委员会出版的《刘少奇选集》上卷。在开展保持共产党员先进性教育活动中,《论共产党员的修养》仍是必学重要文献著作。《论共产党员的修养》从每个党员应该怎样加强自己的思想道德修养和党性修养，确立共产主义的理想信念，培养共产主义道德品质，从有效地贯彻执行党的路线、方针、政策的角度提出问题、分析问题和回答问题，这对党的建设具有永久的价值和永恒的意义。可以说，党员修养问题是党的建设的一个永久性课题,《论共产党员的修养》创造性地建立了共产党员党性修养的系统理论，填补了马列主义建党学说的空白，在中国共产党思想史上第一次完整地提出并且阐明了马克思主义中国化必须与党性修养融为一体的历史必然性，即一方面从马克思主义中国化的历史高度上认识党性修养的必然性和重要性；另一方面又通过党性修养解决世界观和人生观的问题，以创造性地推进马克思主义中国化的历史进程，这是刘少奇对毛泽东思想杰出的理论贡献。邓小平在评价刘少奇对党的建设理论和实践的杰出贡献时说："刘少奇为把我们党建设成为马克思列宁主义的党，为捍卫党在思想上和组织上的纯洁，为巩固和发展党的队伍，为维护党的团结和统一，为确立党的生活的基本准则，为加强党和群众的联系，付出了毕生的精力……他的《论共产党员的修养》一书和其他关于党的建设的著作，教育了全党的广大党员，是我们党的宝贵财富。"